社会のストレスとこころ

パーソナリティ障害と
集団ダイナミクス

手塚千恵子 著

木立の文庫

Social stress and Mind
Personality disorders and Group dynamics

まえがき

『社会のストレスとこころ』というタイトルのこの本で、皆様と出会うことになりました。この先しばしお付き合いください。皆様とのこころの対話を楽しみにします。

さて、この出会いの最初に皆様とお話ししたいのですが――その〝こころ〟というものはどこにあると、お考えですか？ 私たちの〝こころ〟は、一人ひとりの身体のなかにあると考えていいでしょうか？ 私たちの身体は一人ひとりに多少の違い、特徴の差を有していますが、大きくは同じ器官、同じ機能で生きています。〝こころ〟は、そうした身体の一部なのでしょうか？

私は心理士としての仕事の傍ら、大学・大学院・看護学校で「心理学」「心理療法」などについて講義してきました。その講義の最初に、学生たちに先のような問いを投げかけるのが常になっています。それで「この本を読んでみようか」と思われた皆様にも同じ問いを投げかけたのでした。皆様は、どうお答えになりますか？

私の講義を受けようとして先のように問われた学生たちは、一様に困ってしまいます。「私たちのこころは身体のなかにある」には反論がなく、「ではどこにある？」に、脳がある頭を指したり、心臓がある左胸を押さえたり、でも多くの人は、首をかしげたまま動けないようでした。皆様はいかがでしょう。

私たちが「唯一無二の自分である」と考えている私たちの〝こころ〟が、その存在は確かなのですが、それが「どこにあるか」は、現在もなお確定されていないのです——文明も極まったか！　と思うこともある現在でも……。


どうして私がこの問いを投げかけるようになったのか、ですが、それはある記事を読んだことに始まります。

心臓移植を受けたアメリカ人が、移植後に「見たことがない景色」が思い浮かぶようになったそうです。その想起される景色を辿っていくと、秘されているはずのドナーの居住地が調査され、その景色の地域の住民であったことがわかった、と。そういう記事を目にして、私は考え込んでしまいました。一人ひとりの内にある〝こころ〟が外とつながるというのは、どういうことでしょう？

本書にこれからよく登場するジークムント・フロイトという人物は、私たちの〝こころ〟が「意識」領域と「無意識」領域で構成されていて、その無意識領域を「生まれてから経験したすべての体験が、遺跡のように貯蔵されているところ」と考えました。その体験が、心臓移植で別の人の体験となった、というのは……いったいどういうことでしょう？　一説には、身体を構成する一つひとつの細胞に〝こころ〟の機能があって、その総和を脳がまとめているのだ、とも聞きましたが……。

　このように、私たち個人の内部のどこかに存在している〝こころ〟が、外部にいる他者に出会って、集団によって形成された「社会」に対峙すると、いったい、どんなことが起るのでしょうか。

　実際には一人ひとりの〝こころ〟が臨機応変な対応をして、問題が生じないことが圧倒的に多いでしょう。**その時その人のこころは健康な状態にある**のですね。ただ、私たちはいつも健康でいたいのですが、外的そして内的事情に応じて、健康とはいえない状態になるのを避けられません。

　私たち個人が「社会」という他者集団と出会って生じる〝ストレス〟に、私たちのこころはどのように相対し、みずからを修正したりして、健康を維持（あるいは回復）させているのでしょうか？　本書で皆様と考えていきたいのは、そうした無意識のダイナミクスなのです。

そして本書では、こころの健康が損なわれた状態を代表する例として、集団でのストレス状況へのレスポンスのひとつとして、〈自己愛性障害〉という〝こころのあり様〟をとりあげます。

この自己愛性のレスポンスは、治療において特に難しい障害だと言われています。なぜとなら、その時その人は、「自己」感に障害があると同時に、他者の世界（社会）という現実がその人の〝こころ〟に存在しにくい状態にあるからです。現実が存在しにくいということは、その人にとって「空想」がこころの多くの活動部分を占めている、ということになるのです。

それでは、皆様といっしょに本論へと進みましょう。

問いかけ

新型コロナ・ウイルス感染症の緊張状態が三年目に入るなか、ロシアによるウクライナ侵攻が起こって半年経った今、この原稿を書いています。

人が集まり、接触して、会話することでウイルスに感染していくのだと知りますと、筆者が五十余年専門としてきた「心理療法」の設定は、ウイルスが増殖していくのに絶好の場のひとつなのだな、と改めて思いました。

私たちは困難を抱えたとき、寂しいとき、絶望したときなど特有の状況で、〝他者〟を強く希求します。「精神療法」「心理療法」は、その希求に、専門家が接触、対話して応えようとする試みです。コロナ感染の脅威がお互いの物理的接近を遠ざけ、その結果、心理的な関わりが減って、人びとはそれぞれが孤立した状態での生活を余儀なくされています。そうしたなかでは特に、この治療作業を止めることはできません。私も、消毒・換気に気をつけて面接を継続してきました。

このコロナ・ウイルスが長年安定した宿主としてきた環境・生物を喪ったことで、新しい宿主を求めて今の我々の世界に現れた、という話を聞き、ウイルスを絶滅させることは不可能で、人間の体内に入ったウイルスの増殖を抑える薬剤と、体内にある免疫機能を活性化させるワクチン開発で、人間はこれまでも多くのウイルスと共存して生きてきた歴史を知りました。今回のウイルスにも、まもなく適切な薬剤やワクチンが開発されて、人間への脅威性が減少するのでしょう。ウイルスも、薬剤やワクチンを介して、人間という新しい宿主との適切な関係を得るのでしょう。その時ができるだけ早く来ることを願っています。

そして、精神療法・心理療法が適用される精神的・心理的な問題や不調もまた、その問題を精神療法・心理療法の作業においてよく理解して、問題を取り扱う適切な方法や手段を発見することで、問題が個々の人びとに課す脅威性を減少させ、その人が**問題とともに生きていく**途を見つけることができるのです。そのことを、私たち精神療法家・心理療法家は日々実感しています。

本書ではその一端を示して、皆さまに精神療法・心理療法の世界を知って頂こうと思います。ただ、精神療法・心理療法には多くの学派があり、技法の違いがあります。そのなかで私は、精神分析に基礎を置く精神療法・心理療法についてお話しします。

こころのバランスと現実適応

戦争も、人が集合・接触する行動ですが、残念ながら精神療法・心理療法の目的とは真反対の目的でおこなわれます。殲滅する国、他者を求めて人びとが接触し、武器を用いて相手を抹殺しようとして、限定的な「仲間」との関係や利害を守る試みです。

そのような人びとの行動が、現実にロシアによるウクライナ侵攻として進行中で〔二〇二二年八月現在〕、この「侵攻」に関してプーチン大統領やロシア国内の人びとと、それ以外の人びとの意見や判断がまったく異なる事態が出現しています。この事態についても、精神分析的な見方から考えてみようと思います。

中井和夫氏〔東大名誉教授――京都新聞・二〇二二年四月十五日朝刊〕はロシアの民族的特徴を「規律、組織、専制主義、集団主義」、ウクライナの特徴を「自由、自治、民主主義、個人主義」だとした、十九世紀帝政ロシアの歴史家コストマーロフの言説を紹介しています。

両国の人びとにとって重要視する価値観が対極的であるようです。そして一九七〇年代にソ連の一体感を支えてきた計画経済の機能不全もあって、多数派のロシア人のあいだで「非ロシアの諸共和国に政府が恩恵を与えすぎて、われわれが犠牲にされている」

という不満が高まり、ロシアの自立・独立への動き、一九九一年のソ連崩壊に至りましたが、「不当に国が小さくなってしまった」という被害感情も生まれたそうです。〈嫉妬－羨望〉感情が〈迫害－被害〉感を生んだのでしょうか。

高原明生氏〔東京大学法学部教授――毎日新聞・二〇二二年四月三日朝刊「時代の風」〕は、この侵攻で勝利を収めた際の予定稿がロシアで誤配信されたらしい記事から、「冷戦敗北の屈辱へのルサンチマン（怨恨の情）」という視点で、侵攻数日前のプーチン大統領の演説が、社会主義国ソ連連邦時代のレーニン氏を痛罵し、侵攻後にそのソ連邦を解体に導いたゴルバチョフ元大統領の業績をたたえた点から、大ロシア時代への郷愁、「ロシア民族のロマンチシズム」をプーチン氏の侵攻動機と読み解いています。

世界史に詳しくない心理療法家である私は、中井氏・高原氏の指摘から、侵攻を主導するプーチン大統領が、民族感情・支配感情・勝敗感情といった「感情」が優位な状態にあって、それが侵攻の動機として有力なのだ、と理解しました。そして、強力な情報統制下ではありますが、八割以上のロシア国民がこの侵攻を支持している理由には、非ロシアの諸・元共和国に対する「嫉妬」感情が関係しているようだとも考えました。

人の心理的機能において「感情」は、私たちに生きているという実感を与えてくれる、生き続けることを支える重要な機能です。

たとえば精神疾患の躁うつ病は、感情が障害される病気だと分類されます。また、うつ状態のありようは、充実して生きるためにどれほど感情が重要かを教えてくれます。しかしその感情が他を圧して優勢であると、「感情」以外の心的機能「思考・認知」や「感覚・直観」、意志などが劣勢な状態に陥ります。☆1 こうした「感情の優勢」こそが、プーチン大統領や大統領を支持する国民のこころの動きにおける客観性や理性のはたらきが、他の国の人びとと大きく違うことになった理由のひとつと考えられます。

　こころが健康な状態とは、各種の心的機能がバランスよく、現実に適応してはたらく状態ですから、どの心的機能であっても、それが優勢であり過ぎるという状態は、バランスが崩れて不適応状態に陥りやすくなるのです。

☆0-1

精神分析の祖、S・フロイトは、心的エネルギーの経済論的観点*を提唱して、「心的エネルギーは一定であるがゆえに、その増加や減少に関係して臨床的問題が生じる」という因果関係を発見しました。フロイト以降の精神分析研究者もそれを研究してきました。

この侵攻を広瀬陽子氏〔慶応大学教授——毎日新聞・二〇二二年四月二十五日朝刊「オピニオン」〕は、「大義のない戦争をしていることを、プーチン政権は十分承知している」と述べています。そして現在のところ、今回の侵攻でロシアやプーチン大統領に「実益がない」と国際的に評されているそうです。それが正しい評価だとすると、侵攻するというロシアの政策決定が現実から乖離して不適応的で、☆2 そのうえ「仲間」関係やその利害さえ守らないものになっているようなのです。

　現実との乖離・不適応に気づいてバランスを取り戻す作業が、自力でおこなえるうちは、まだ健康な状態ですが、気づけない状態では、自分の力だけでは無理です。客観的

＊**経済論的観点**　心的過程は「量的なエネルギーの増減と均衡」し、その「循環と配分によって起こる」と仮定する見地。

な現実をその人に直面化する力が必要になります。しかしながら、ロシアの政策決定構造が「少数からなるインナーサークルで意思決定が行われ」〔高原氏〕、「プーチン大統領の不機嫌を恐れる集団」ということなら、この周囲の人びとが侵攻を主導するプーチン大統領のバランス回復を助けることはできません。そのうえ、集団の意見を代表して話す役割をプーチン大統領に担わせて、政策決定機構インナーサークル、政府官僚、軍隊そしてロシア国民らの集団の欲望の実現（これまで考えてきた視点からは、これら集団の有利性・勝利・支配などの欲望を満足させる）を大統領に図るようにさせ、そしてその判断責任を負わせて、自分たちの集団から排除する動きを見せるのではないか、とも予測します。☆3

☆0-2

私のこれまでの考えからは、このように実利も大義もない行動をとるという「不適応」状態は、みずからの心的機能内に優勢になった民族・支配・勝敗・嫉妬などの感情にきちんと向き合い、みずからが納得できる「そうした感情への対応策は何か」を深く十分に考えることを回避し、「行動」で衝動的にそれらの感情を解放した結果なのでしょう。この侵攻はプーチン大統領の〈行動化＊〉で起こったことになります。

☆0-3

侵攻を止めるためにはこの動きを待望しますが、集団ダイナミクスの点からは病理的な面が強い動き＊＊＊です。そして、現在のウクライナが西側諸国の応援を得て、この「ロシアの欲望実現に向けた侵攻」に対して正面から抵抗を続けている現実は、集団の不適応的な乖離状態からバランスを回復させる援助となる、治療的な動きでもあると考えられます。

＊＊＊スポークスパーソン現象　集団の意見を代表して話す人が現れること。臨床場面では、「独占する人」という問題患者になってあらわれることが多い。しかし、それを誰も問題にしないのなら、集団は独占者を必要としているのかもしれない。

＊行動化　願望を「意識」化・「言語」化して解放するかわりに、“行動”に置き換えて欲求を充足させる心的防衛機制＊＊。

＊＊防衛機制　p.xiii／☆0-4／☆1-2参照

頭がクラッとする感覚

この侵攻が現実からどのように乖離しているのかを、侵攻理由や内容から見てみます。ブチャなどの民間人虐殺が民族殲滅を意図してロシア軍に指示がされているなら、ヒトラー・ナチスのユダヤ人虐殺がすぐに想起されるのですが、プーチン氏は「今回の侵攻の主たる理由は、ウクライナのネオナチ化を防ぐため」だと主張していて、「?・?」と頭が混乱しませんか。

ある人の論理・主張を聞いていて感じるこの「頭がクラッとする」感じは、私が心理療法を実施している際に、時に体験するものでもあります。セラピスト－クライエント関係に生じる非常に深刻な病理的心理の動きを直観的に捉える感覚として、私が重視している反射的なこころの動きなのです。この心理療法家としての反射的なこころの動きと、現在、公表されている情報を突き合わせて検討してみたいと思います。

井上寿一氏〔学習院大学教授——毎日新聞・二〇二二年四月十六日朝刊「オピニオン——近代史の扉」〕は、「ヒトラーのドイツは、民族自決原則（被抑圧民族の自立の権利）を自らの領土拡大の正当化に逆用した。プーチン大統領のロシアもこの原則をロシア系住民が多く居住するウクライナ東部への侵攻の正当化に逆用した」と述べています。ナチスの論理をそっくりが取り入れているのですね。それなのに、今回の侵攻の目的に「ネオナチ排除」を掲げ、「ウクライナ政府傘下の準軍事組織アゾフ大隊がネオナチである」としています。

元・駐ウクライナ大使の角茂樹氏〔毎日新聞・二〇二二年四月二十二日朝刊〕は、「親露派勢力との武力闘争が始まった二〇一四年に民兵組織として発足したアゾフ大隊は、親露派をはね返すのに力を発揮して、ウクライナ政府が同年に国家警備隊として内務省の傘下においた。当時大隊のトップが白人至上主義者だったと噂されたが、傘下に入る際に辞めていて、政治的・思想的な色合いが取り除かれた。今の大隊に右派的な思想の人はいるだろうが、それはどの国の組織でも同じで、ウクライナ最高会議（国会）に極右勢力は一議席もない」から、欧米諸国に「ウクライナに極右勢力がいる」との不安はなく、「アゾフ大隊がネオナチ」とレッテルを貼るのはロシアに都合がよいからだ、と述べています。

「正当化に逆用」とか「都合がよい」と評される言説・主張は、フェイクニュース、つまり嘘ですよね。一国やその代表者が公けに「嘘」を自覚したうえで主張したり破壊行動をとったりすることはあるでしょうが、その場合は、その行為者に非常にストレスがかかります。倫理的にも、現実的にも、自分の言動が破壊作用を引き起こすことへの自責、嘘が暴かれる恐怖、そのとき周囲から向けられる反応への不安、などが一般的でしょうが、特殊な状況に応じたストレスも加わるでしょう。

そのストレス（精神的重圧）に耐えていると、耐える作業に心的エネルギーが消費され続けるので、心身は疲弊、衰弱していきます。精神的・身体的な疾患に罹る状況が強まって、多くはそれ以上ストレスに耐えることができなくなって、この行為が終了されます。自然による正常化、**治癒能力の発動**ですね。

しかしこのような成り行きに抵抗する個体側の防御法があって、そのひとつが心的防衛機制*の発動で、先に述べた〈行動化〉[p.x]はその機制のひとつです☆4。行動化は、こころに生じるストレスに向き合わず、ストレスを行動で解放することで、個体は心身の疲弊・衰弱を免れます。しかしながら、現実状況はますます悪化していくでしょう。

心的防衛機制は、無意識的にみずからのこころを動揺や疲弊から守る動きです。それは、ありのままの現実とは違って「心地よい世界（本人の快願望が充足される空想世界）」に居る状態なので、放っておくと本人はいつまでもその世界に居続けます。当然、空想世界の住人と現実世界の住民とのあいだには、越えることができない溝が出現します。その溝が、いま、ロシアの人びとと、それ以外の人びととの意見・判断の違いとなって表れているのだと思います。

☆0-4

心理療法中にクライエントを観察するセラピストの頭が、反射的に「?·?」とクラッとするのは、〈投影〉**という心的防衛機制の発動をセラピストが直観的に捉えているゆえだ、と私は考えています。

プーチン大統領の言説「特別軍事作戦だ」「ネオナチ排除」「ロシア国営放送で示す『事実』以外はすべてフェイクだ」「破壊・残虐行為はすべてウクライナ側の行為だ」「ロシア側の関与行為は一切ない」と言い切る態度は、多様な他者や媒体による客観性・吟味力を〈否認〉***しています。それだけでなく、ロシア軍の行為やプーチン大統領の言説をそっくり相手の「ウクライナの行為・言説だ」と言い、みずからの考え・行為が相手に属すると貼りつける〈投影〉をしているので、自他の所属・責任の混乱、境界の混乱が、他者の「頭をクラッとさせる」のだと思います。

*防衛機制　こころの構造を「エス（本能）・超自我（理想自我）・自我」の枠組で考えて、自我は不安や脅威・恐怖を防衛するためにさまざまなタイプの活動をしているが、その方策mechanismsを《防衛機制》という。［高次］水準の防衛に、抑圧・反動形成・隔離・置き換え・退行・同一化・知性化・取り入れ・合理化など、［中間］水準の防衛に投影など、［原始的・発達最早期］水準の防衛には、分裂-排除・否認・投影同一化・理想化-価値下げ・躁的防衛がある。

**投影　自分のなかにある衝動・願望・感情・態度などを「自分のもの」として受け入れ難い場合に、これらを外在化し、「外界や他者に属するもの」として認識する防衛機制。

***否認　出来事の意味の一部ないしは全体を無意識のうちに拒否する防衛機制。

内的ダイナミクスと外的な対峙

現実に起こっているロシアのウクライナ侵攻を、深層心理学の視点から述べてきました。それでは、これらの心理的なダイナミクスの問題を正常に戻すのにはどうすればよいか、がいちばんの重要課題なのですが、それは簡単ではありません。

こころの深層ダイナミクスの問題を解決しようとする精神分析的な治療法は、深層・無意識を対象とするがゆえに、他にはない治療構造の厳格な維持を必須とします。[☆5] したがって、現在のウクライナ侵攻に関するプーチン大統領の不適応、空想世界からの脱出に、この治療法を適用することができないのは残念です。

[☆0-5]

治療構造*は、治療関係が成立する基本的条件を作り出し、治療関係を支えるとともに、患者の内界を投影する対象となったり、こころの成長を抱える心的環境の機能を担います。この治療構造が設定されたうえでやっと、こころの無意識の病理を治療することが可能になるのです。

こころの「力動」とは？

***治療構造**　治療者と患者の交流を規定する要因や条件の構造総体。

・「外面的」治療構造—— ①治療者・患者の数と組み合わせ（個人精神療法・集団精神療法など）、②場面の設定（部屋の大きさ、一対一面接・同席面接など）、③空間的配置（対面法・背面法・仰臥法・九〇度法など）、④時間的構造（面接回数、面接時間など）、⑤治療料金、⑥通院か入院か、など。

・「内面的」治療構造—— ①治療契約、②面接のルール、③秘密の保持、④約束制度、⑤禁欲原則、など。

このあと「グループのダイナミクス」という本題に入っていく橋渡しとして、「力動dynamics」という視点について触れておこうと思います。

私たち人間は、身体能力が弱小であるが故に、人類が発生したときから〝集団〟をつくり、互いに協力・協調することでしか生きられない宿命にいて、「自分」を意識して関心を持つのと同じだけ、あるいはそれ以上に、「他者」を意識して関心を持ち続けることが必然・必要だった――そのように、近代心理学を確立したS・フロイトは述べて、自他のこころのありようの理解（心理学）が重要になる、と主張しました。

フロイトが創設した心理学では、こころ（精神）の構造を、意識（気づいている）領域／無意識（気づかない）領域／前意識（注意深く考えれば気づくけれど、そうでなければ気づかない）領域の三層構造だと定義しました。そしてフロイトは、みずからの主たる研究テーマを無意識領域に定めて、この心理学を「精神分析」と名づけたのです。

ところで、無意識領域でのこころの動きが「通常では気づかない」ということなら、それに「気づく」には工夫が必要になりますね。

フロイトが「無意識に至る王道」として挙げたのが「夢内容」です。私たちは〝夢〟を見ないと自分の無意識に気づけない。でも気づく（意識する）のは、夢を見ている睡眠中にはできないことで、夢内容（無意識内容）に気づくには、目覚めていなければなりません。[☆6] そこで、多くの精神分析学派は、週三～五日、寝椅子に横になり、自由連想に身を任せて〝夢想〟することで、目覚めていながら夢内容に近づく「無意識内容」を得ようとします。

しかしこの技法では、退行（子ども返り）が強くなり、医療状況で強い退行が起こったときに精神療法家・心理療法家が速やかに対応できない、という危惧が生まれました。[☆7]

昭和の初めにフロイトの分析を受けて帰国し、日本に精神分析を導入した古澤平作氏は、椅子に座ったクライエントの背後に治療者が座る「背面椅子式」自由連想法を考案して、座位姿勢によってもたらされる日常感覚を維持することで退行を阻止しつつ、治療者に向く注意を除くことで自己の内界に目を向けやすい、という利点を提唱しました。私も種々の事情から、この「背面法」を用いています。

☆0-6
この難問を、例えば精神分析学派の一派であるユング学派の分析では、分析を受ける人は毎日、枕元にノートを置いて眠り、目覚めてすぐに夢を記録することで解決しようとしている、と聞きます。

☆0-7
退行*で生じる危険性の対応には喫緊に複数回の面接が必要となりますが、日本の医療健康保険で精神療法に料金が支払われるのは「ほぼ週一回実施」に対してなので、退行に対応するためには専門家が無料で面接するしかありません。患者に自費での支払いを求めると、当該疾患に対する医療処置がすべて自費支払いになってしまいます。

＊**退行**　それまでに発達した状態やより分化した機能が、より低次の状態や、より未分化な機能に逆戻りする防衛機制。

社会のストレスとこころ

目次

プロローグ

集団のなかで起こること

皆様は不思議に思われることはないでしょうか？

コロナ禍のなかでコロナ感染者を治療するために、感染危険が高い医療の場で仕事を続ける医療従事者と、彼らが束の間の休息とエネルギー補給を得る家庭で共にいる家族を、大勢の人たちが、自分たちの感染危険を減少させるためだと言って、「近づくな」と日常の場から排除していることを知りました。

医療従事者らをスケープゴート[☆8]にして、自分たちの安全だけを守る気持にどうしてなれるのでしょう？　かれらも感染すれば医療に頼るのだろうに……そのときは、どんな顔をして医療従事者に会うのでしょう？　このように「自己中心的な偏見」や「差別の感情」に思考を占領されてしまった状態を、なぜ自分に許せるのでしょう[☆9]……。

コロナ禍において、匿名性に隠れて自粛警察を気どったり、SNSでコロナ・ウイルス感染者を誹謗中傷して追い詰める行動を、どうして多くの人がとるのでしょう?

☆0-8

集団の一人が他のメンバーたちから「やり玉」に挙げられること。治療者あるいは複数の個人に対して体験している情動が、その一人に置き換えて向けられているのです。どうしてかというと、やり玉に挙がった人に情動を向けるほうが、治療者あるいは複数の個人に向けるより「不安」が少ないからだと理解されます。

やり玉に挙げられた人は、じつは、集団メンバー一人ひとりのこころのなかにある、その人にとって「受け入れられない、排除しないと危険な部分」の投影*および投影同一化**を受けていて、実際よりずっと誇張された問題にされることが多いものです。

スケープゴートになる人は、実際に好ましくない側面を持っているかもしれませんが、心の中から「好ましくないもの」を排除しようとする集団全体にとっては、その受け皿として必要なのです。

このスケープゴーティングという状況は、あとでとりあげられる闘争－逃避グループ文化***〔p.12〕のひとつの表れと考えられます。

☆0-9

この状態だけ見れば、自己の重要性についての誇大な感覚、特権意識、不当な他者の利用、共感の欠如、尊大で傲慢な態度など、自己愛性パーソナリティ障害***と診断される特徴と、よく似ている態度だと言えるでしょう。

東日本大震災のときには、被災地で外国人窃盗団が暗躍しているというデマが飛び交い、これを真に受けた一部の右翼団体が自警団を組織して被災地に派遣し、「長い鉄パイプに催涙ガス、スタンガンなどで武装し」、「すれ違う人に声をかけて〔略〕中国語でもし

＊投影　☆0-4参照

＊＊投影同一化　投影された恐れ・絶望・怒り・軽蔑などの情緒は、投影した主体によって体験されず、投影の受け手によって体験され、その体験に受け手が影響される。グループでは「一人のメンバーが望む反応の方向に、他すべてのメンバーを操作しようとする」努力として表れる。

＊＊＊自己愛性パーソナリティ障害
本書でこれから理解していくことになる。

やべろうものならその場で殺しちゃえ」と考えていた、とメンバーの一人が話していたこと、同じような動きが二〇一四年の広島の豪雨災害、二〇一六年の熊本地震、二〇一八年の大阪北部地震、西日本豪雨の際もあったことを、安田浩一氏が書いています〔京都新聞・二〇二一年五月一八日〕「論考二〇二一：SNSがあおる外国人差別」。

彼らはまるで、沈黙している多くの人たちが全員「自分と同じ考えである」と確信し、その人たちを代表する**スポークスパーソン**☆10として攻撃行動に邁進しているように見えます。彼らに、多くの人たちが信任を与えた事実はないにもかかわらず☆11……。

☆0-10

解説0-3でも触れましたが、集団の意見を代表して話す人を指します。

臨床場面では、「独占する人」という問題患者になって現れることが多いです。毎回、同じ患者が、いつの間にかグループの時間を独占し、他の人びとが自分自身について語ることができなくなります。

しかしながら、それを誰もグループの問題にしないのなら、グループは「独占者」を必要としているのかもしれません。独占者は、自分自身についてみずから語ることをためらう人びとから、支持ないし歓迎されているのかもしれないのです。それは依存グループ文化****の申し子といえます。

☆0-11

この空想状態も、自分の期待に他者が自動的に従うことを理由なく期待する、特権意識、共感の欠如、過剰な賞賛を求める尊大で傲慢な行動など、**自己愛性パーソナリティ障害**の特徴を想起させます。

ウクライナ侵攻を引き起こしたロシア共和国の言い分（プーチン大統領、ロシア高官たちの演説）を思い浮かべませんか。

****〈依存〉グループ文化　p.12参照

個人が集団になるとき

彼らは、パーソナリティに障害をもつ人たちなのでしょうか？

障害があるということは、日常生活や職業生活、その人の人生の重要な場面において、障害による多くの特有の困難や不自由を抱えるはずなのですが、彼らは普通の生活を営んでいる人たちのように見えます。

今アメリカをはじめとする多くの国で、人びとが共鳴☆12、伝播☆13して参加した「黒人の命も大事だ」デモを想い起こします。個々にそう思っている人はずっと以前から大勢いただろうけれど、いま、たくさんの異なった場所で、申し合わせたかのように一致した行動として、社会に現れてきたのはなぜでしょう？　警官の暴行とSNSへの一女性の投稿がきっかけになったようですが、それだけが理由で、同時発生的な各地の人びとの動きが現れたのでしょうか……？

☆0-12

共鳴という状況は、他者と接触をもつときに、その意識的・無意識的メッセージから影響を受けるプロセスを指します。

グループ内のいかなる出来事に対しても、メンバーは、自身の発達水準あるいは退行や固着*の水準に応じて、それぞれに反響して共鳴を示します。そのような準拠枠は、各自の人生の早い時期に形成され、グループ状況で示される個々人の「連鎖反応」を決定する、とされます。

☆0-13

伝播**という現象は、ひとりの人の共感的な（あるいは攻撃的な）行動で、大集団が共感する（あるいはイライラさせられる）ときに起こります。

その代表的な例として、「烏合の衆」化したときに暴力的な反応が勃発する、止められない群集行動があります。その力は、情緒の量と激しさを次第に増す一因になり、さまざまな感情があちこちで、人びとのあいだで共鳴します。

こうした疑問への答えのひとつとして、複数の人間がつくる〝集団〟には集団力動（グループ・ダイナミクス）が存在するからだ、と考えてみます。これまでに登場したさまざまな現象（スケープゴーティング、スポークスパーソン、共鳴、伝播）は、集団力動によるものなのです。

それでは、集団力動とは何なのでしょうか。

＊**固着**　精神発達の途上で、ある特定の段階に停止して、その段階に特有のあり方がその後も存続すること。

＊＊**伝播**　この現象の解明にビオン（1961）は「投影同一化」機制を用いた。☆0-8参照

集団のダイナミクス

第一章

集団のこころの動き

複数の人間の相互交流が生じる集団の内には、当然、参加人数分の意識と無意識の両方のこころの動きが生じてきて、それが複雑に交錯します。

そのうえ更に、集団じたいが「ひとりの人のこころ」のように一元化された動きをすることを発見したのは、集団心理学理論への最重要貢献者のひとりW・R・ビオン〔1961〕でした。そして、その「一元化されたこころの動き」（集団力動）に、当の集団のメンバーはまるで気づいていないことに、ビオンは強く印象づけられました。

この〝一元化〟の動きの内容が、まさしく「集団じたいの無意識領域」の内容だと気づいたわけです。☆1

☆1-1 集団力動を研究してきた人たちは、その〝一元化〟の動きの種類を、共鳴／伝播／鏡像（ミラーリング）*／スケープゴーティング／スポークスパーソン現象／投影同一化／凝集性**／ワークグループと基底的想定グループ***などとして、まとめました。

***鏡像**（ミラーリング）　集団が「共感的な鏡」として自己を映し出す。そこから自己を客観化したり、修正することができる。

****凝集性**　メンバーがその集団に対して抱いている魅力に起因し、個人心理療法において治療へと導くものが、「セラピストと患者との関係それじたい」であるように、凝集性は、この関係に類似した「集団心理療法そのもの」である。凝集性のあるグループのメンバーは、他の人を受け入れてサポートし、グループのなかで意味ある関係を形成する傾向があり、調査結果では、凝集性のあるグループがより良い治療的結果を達成することが示された。

*****基底的想定グループ**　☆1-2／p.12参照

集団に存在する一元化機能についてのビオンの理論化は、独創的で革新的な貢献でした。ビオンは、構造化されていない小グループではメンバー一人ひとりのこころの内に、自他の境界を喪失して自他が一体化したような融合体験や、みずからのアイデンティティ感覚を喪失して、独立した存在でないようなより原始的で退行的な状態に向かわせる力——基底的想定——が賦活されてくるのを観察しました。☆2

☆1-2

この原始的で退行的な状態——妄想-分裂ポジション****——特有の「迫害される」危機感や無力感、絶望感に満ちた、精神病様の情緒状態〈迫害不安〉が生み出されてくると、グループ全体はこの精神病様状態に対して防衛としてはたらく《基底的想定》（依存・闘争-逃避・つがい）が目立つ文化を発展させ、グループはこの文化に一元化される、と考えたのです。重要な点は、これらの**基底的想定**グループが「体験によって学ぶことに対する憎しみ」を反映していることでしょう。

逃避し依存するグループ

精神分析の考え方から、「医療従事者とその家族を自分たちの日常生活から排除しよう」とする人たちのことを考えてみましょう。

かれらは、目に見えず完全に封じ込める方策がないコロナ・ウイルスへの「嫌悪」と

****妄想-分裂ポジション　M・クラインによって提唱された発達概念。出生直後から四～六ヵ月頃の乳児と母親の関係にあるポジション（態勢）。スプリッティング*****や投影同一化を中心にした原始的防衛機制をもち、魔術的に「願望が即座に、完全に叶う」空想、あるいは「すべての体験が灰塵に帰す」という迫害される不安が主となる、空想状態にある。統合失調症やパラノイアによる退行の精神水準とされる。

*****スプリッティング（分裂）　心的内容の融合を断ち、その両者を分け隔てて触れ合わないようにしておく心的操作による防衛機制。

「恐怖」を、職業的にウイルスと闘うためにウイルスに触れる機会が多い医療従事者の上に置き換えて、目に見えて確かに存在する医療従事者を嫌悪して排除しています。そうすることで、存在が見えないコロナ・ウイルスへの恐怖を自分のこころのなかから排除したつもりになる、無意識的な試みなのではないでしょうか。☆3

医療従事者らをスケープゴート（犠牲の羊）にしているのですね。この集団力動の基礎には、**闘争－逃避**の基底的想定*がはたらいていると考えられないでしょうか。それは、医療従事者らを迫害－排除する現実の闘争のなかで、ウイルスの脅威を彼らに投影・置き換えて、彼らを排除することで「ウイルスの脅威が排除された」とする空想で安心するためです。現実のコロナ脅威にはなんの対処もできていない（逃避している）状態になっているのですね。医療者らの排除でコロナ感染を本当に防ぐことができるのかどうか？　自分や家族に医療が必要になったらどうするのか？　などの現実の問題から逃避した想定にいるのです。

☆1-3 この無意識的な試みが〈防衛機制〉と名づけられます〔p.xiii〕。こころの構造を［エス（本能）／超自我（理想自我）／自我］という枠組で考えた場合、［自我］は不安や脅威・恐怖を防衛するためにさまざまなタイプの活動をしますが、その方策*mechanisms*が〈防衛機制〉です。人格の発達程度、精神病理の特質、人格傾向を把握するうえでの中心的観点で、精神分析的治療では、防衛機制の歪みを改善することが中心課題のひとつになります〔ix頁〕。

匿名で自粛警察を気どったり、ＳＮＳでコロナ感染者を誹謗中傷で追い詰める人の、こ

↘ ・〈闘争 - 逃避〉文化――グループ内部に対立が生まれ、言い争いが延々と続くのを、グループ全体が見守っていたり、争いに参加したりする。その基礎には、「きわめて破壊的な何かを、排除するか回避しなければならない」という迫害妄想が想定されている。

・〈つがい〉文化――グループ内にペアが生まれ、グループ全体が、「そのペアのあいだに延々と続く対話から、新しく良いものが生まれる」との希望を抱いているようである。その基礎には、魔術的救済が想定されている。

ころの動きも考えてみましょう。

　この行動を集団力動である**スポークスパーソン**現象だと考えてみます。コロナ・ウイルスの脅威から生じているのは**スケープゴーティング**による排除行動と同じですが、このグループの人びとがより直接的な攻撃行動をとるのは、「自分たちの行動がすべての人の気持を代表している」という空想で自分を風船のように膨らませているからで、英雄として行動しているつもりのようです。そこには他者との魔術的な融合による救済（**つがい**基底的想定）も、無意識的に空想されています。

　こうした集団力動は、スポークスパーソンを生み出したりスケープゴーティング行動をとるグループを、**ただ見ている側のグループ**のこころの動きや行動にも当てはまります。医療従事者らをスケープゴートにしたり、警察官や英雄になったつもりで「代表」意見を主張している行動をただ見ている、沈黙している人びとも《基底的想定》集団の一員なのです。

　それは、生じている問題は誰かが正しくしてくれるだろう、誰かが闘って脅威を消滅させてくれるだろう、と逃避・依存し続けている**依存**基底的想定に居るのです。

＊**基底的想定**　ビオンがグループ心性を説明するために導入した発達的概念。〈依存〉〈闘争 - 逃避〉〈つがい〉の三つの表現がある。
・〈依存〉文化――メンバー一人ひとりが積極的に何かをしようと努力をせず、誰かが何かしてくれることを期待していつまでも待っているようである。この基礎には、「自分自身は頼りにならないが、その誰かは全面的に頼りになるはずだ」という無意識の想定がある。　↗

内的空想がエネルギーになるとき

《基底的想定》が活動しているあいだ、グループは現実に向き合わず、内的空想に向き続けると述べられる〔Horwitz,L., 2014〕のはこういうことなのですね。

この集団メンバーの誰もが明確に「自分が基底的想定にいる」と自覚できない状態を、匿名性という問題に関連づけたうえで、[☆4]次のように述べた人もいます〔Rioch,M., 1970〕――「……匿名だからこそ、基底的想定は遠慮なく働くことができ、またそれが理由で恐れられている……。基底的想定は作業課題に対する妨害になる。しかしそのエネルギーはグループの課題達成に役立てることもできて、課題の達成のために用いることができる」と。

ある勢力の強力な方向指示性に対して、**依存・つがい**あるいは**闘争‐逃避**基底的想定にいるフォロワーが為した「変革」の内容・結果、その質についての例は、世界に数多く存在します。それを前段の人物は次のようにも述べています〔Rioch〕――「このために、基底的想定の悪魔的な能力の故に世界を恐怖に陥れた個人やグループが、今度はその善の面の力により人を感嘆させることができるのである」と。

☆1-4
「誰もが基底的想定を所有したいとは望まない。そこには匿名性を保とうという一種の共謀がある……。基底的想定とは、個人個人が自分のものであることを拒否した自分自身の一部であるように見受けられ、各個人は基底的想定を恐れているかのようである。匿名だからこそ、基底的想定は遠慮なくはたらくことができ、またそれが理由で恐れられている……」〔Rioch.M., 1970〕。

ところで、集団のなかの《基底的想定》は別の基底的想定へと意図なく動き、その基底的想定の各個人への影響は、その瞬間に優勢な各自の情緒の流れに影響されている、各自の素質によって左右されます。

さらに、基底的想定が「成長」する心理メカニズムは、個々のグループメンバーによる他のすべてのグループメンバーへの〈投影同一化〉――あるメンバーが望む反応の方向へと他のすべてのメンバーを操作しようとする、個人の側の努力――が集積したものであり、この投影同一化による情動的衝撃が、共有される基底的想定を引き起こすのだ、とビオンは考えました。

それでは次に、基底的想定ではない集団はどういったものなのかを、見てみたいと思います。

第二章
もうひとつの集団力動

集団には、今まで見てきた《基底的想定》グループ以外にもうひとつ、《ワーク》グループも存在することを、ビオンが述べています。

基底的想定グループは無意識水準にあるのですが、ワークグループはより意識的な水準にあります。ワークグループはグループの「現実の課題」に関わり、グループの目的について意識し、その課題を明確にします。

グループの構造は、その課題の達成を促進するためにあり、メンバーは互いに協力します。ワークグループは、グループで出された結論を科学的な精神をもって試し、時間の経過や学習および発達のプロセスを意識しています。

すべてのグループは、この《ワーク》グループの合理性と《基底的想定》グループの情動性のあいだの葛藤にさらされています。どちらのグループ心性が優勢になるかは、そのグループの構造化の程度、実施されているリーダーシップの種類、メンバーの病理の程度によって決まるのです。

では、空想のうちにある基底的想定グループから脱して、ワークグループになるにはどうしたらよいのでしょうか。この作業こそが精神・心理療法のするべきことですね。そこで、ひとつのアプローチを例として考えてみましょう。

こころの危機から護るために

たとえば、医療従事者らを排除するグループの人びとに、もし、ここまで考えてきた仮説『あなたはウイルスを排除したくて、治療行為のためにウイルスと接触機会が多い医療従事者をウイルスの代わりに排除したようですね』と伝えたら、排除するグループの一人ひとりはどう感じると思いますか。

その人びとにとっては無意識で、だから気づいていない〝こころの動き〟なので、『そんな変なこと、してませんよ』と否定するでしょうね。

では、『あなたが感染したら必ず頼る医療従事者を、日常生活のなかでは「わたしの近くに来るな」と言う理由は？』『医療従事者と触れ合わなければ、ウイルスに感染する可能性が下がると思う？』と尋ねましょう。[☆1]——この問いに応えようとする人は、述べようとする理由を合理的に否定する考えが同時に浮かんできて、非常に困る状況に陥るだろうと思います。

そういうやりとりをしているうちに、次第に「自分は不合理な、論理的でない行動をとっている」と、その人自身が意識していったとしたら、偏見や差別で医療従事者を犠牲にしてみずからの**こころの安寧**を得ようとする、「空想」に過ぎない解決策には安住できなくなるでしょう。

すると今度は、〈置き換え〉防衛機制*で防衛していた「現実のコロナ・ウイルスへの恐怖や不安」が再び強まるでしょう。それに加えて、自分が頼った解決策が空想に過ぎないことに気づき、さらに自分が「医療従事者とその家族を現実に迫害した」と実感することによる罪悪感で、排除するグループの人たちはもっともっと不安定になるかもしれません。

彼らが不安定になるのは仕方ありません。もともとこの不安定はコロナ・ウイルスによってもたらされたもので、コロナ・ウイルスへの現実的な対処を見つけて安定化させるべきものだったのです。それが難しいからといって、犠牲者をつくって安心する方法が、あるいは「すべての他者の代表者になる」といった自己愛的・空想的・万能的な方法が、**さらなる不安定**に陥らせるという悪循環を生んだに過ぎないのです。

☆2-1 これを問うのは、「自分の言動が論理的・合理的に説明できない」ことを、その人たちにはっきり意識してもらうためで、明確化・直面化技法といいます。

＊**置き換え**　p.xiii参照。願望そして葛藤を、無意識化するだけでなく、意識可能な表象に替える。そのことで代理の願望充足を可能にする。

排除したグループの人たちを批判するだけでは、この問題は解決しません。脅威性は本来、一人ひとりのこころから除かれるべきものです。除くことができずに心的緊張が持続する状態が続けば、精神的不調や障害に至る原因にもなります。投影を含む心的防衛機制や《基底的想定》集団力動は、ある状況では、その人を精神障害発病の危険から護るためにも発動されます。実際、自粛警察や誹謗中傷投稿で過剰に攻撃的に他を排除しているグループの人びとのなかには、自虐傾向・抑うつ傾向を強く持っている人が多いのでは？　と推測します。現実に根拠を持たない自他いずれかに向けられた攻撃性は、その攻撃対象を容易に反転させるものだからです。

自他いずれかにむかう攻撃性

最近、電車や街頭、クリニックなど大勢が目撃している場所で、無関係な人たちを刃物で傷つけたり、油をまき火をつけて破壊するなどの事件が多発していると感じます。彼らは、傷つける他者が誰であってもよく、自分が犯している重大犯罪を隠すつもりもなく、ただ、みずからが「死にたかった」「死刑になりたいから」と言い、生きることへの絶望感・無力感にさいなまれた自殺衝動とともに、他者や周囲をも破壊したい衝動に突き動かされているようです。

そして、彼らの行為を模倣する無関係なもうひとりの人も、次つぎと現れています。この現象も、コロナ・ウイルスによる脅威や、他者との社会的距離、交流を遠ざける必要性などのストレスで「心的緊張が続く」という精神的な苦しさを、自他を破壊してしまうという行動に置き換えて逸らせようとする、無意識的な心的防衛機制の結果かもしれません。☆2

☆2-2 先に述べた自己愛的・万能的・空想的な方法が、コロナ・ウイルスへの不安・脅威などの恐ろしい観念を「別の対象の所属に置き換えて、みずからの安寧を第一にする」ものであるのに対して、恐ろしい観念を行動に置き換えることで、もとの観念内容を自分のこころから消してしまう、より原始的な防衛〈否認〉*が用いられているのかもしれません。

コロナの脅威に怯えた結果であるかもしれないこうした不安定性を安定させるには、ウイルス感染症の専門家が科学的なウイルス排除手段を発見して脅威を取り除くまで、我々の一人ひとりが、現実的で合理的なコロナ・ウイルス対処法を発見するしかないのです。

最初から現実に沿ってこの発見に努めた人びとは、**スケープゴーティング**や**スポークスパーソン**行動で、自分の恐怖や嫌悪を防衛するグループに入ることはありませんし、自他を衝動的に破壊する行動に突き動かされることもありません。

あるいは、最初は他者を排除したり、自他を破壊するグループに入った人も、この機会に、空想に頼らない、現実を踏まえた解決策を探る力をもつように努めることで、目

＊否認　p.xiii 参照

下のコロナ・ウイルスの困難だけでなく、以後の困難な状況に対しても対応力を高めることが可能なのです。

気づけるよう　選択できるように

それを可能にする援助のためには、まず彼らに、自身の言動が投影や置き換え、基底的想定などの防衛機制という、みずからの無意識的なこころの動きによるものだと気づいてもらうことが必要でしょう。

「他者と融合・一体化する防衛機制に居て、『万能的に守られている』という空想下で、不安を激しい攻撃に置き換えた?」、あるいは「病的防衛が強まって『全世界が自分を迫害している』と感じられ、自暴自棄になっている?」、などの心理的メカニズムに気づいてもらうのです。

援助の要点は、この状態の人びとが自分の防衛メカニズムに気づける（意識化する）ように介入して、そして、意識化した人びとがより適切で安心できる行動を選択できるように見守ることだ、といえるでしょう。

この援助法は、精神分析的な個人および集団心理療法と呼ばれるものの、ひとつのやり方です。

どのあたりが精神分析的かというと、「現実に起こった問題（医療従事者や感染者への偏見と差別行動や、無差別な破壊）が、差別者自身も気づかないまま、自分をコロナの脅威から防衛する為になされたものである」という自分の無意識的な真実の意図（自我の防衛機能）に、援助者の介入で気づくことができたなら――気づく途上で「認識すること」への抵抗が生じることはあるのですが――、こころの意識領域を司る［自我］機能のもう一方の機能である現実検討力・現実感覚が、これまでの防衛機能を使い続けるのを困難にするはずだ、という治療仮説に依っているところです。

私の三十五年間の精神分析的心理療法者としての経験から、この治療仮説は正しいと確信しています。

援助者が関わることで

これまで考えてきた「コロナ・ウイルスによる医療従事者や感染者への偏見、差別の問題」をもつ人びとは、この問題に関しては**空想的・自己愛的**解決に無意識に頼っていますが、それは、全世界的に猛威をふるい、人びとの日常生活まで大きく変えてしまった現実の脅威への、やむにやまれぬ対処法でした。

その対処法の選択には異議がありましょうが、防衛機制が発動されることになった現実の脅威性は万人が理解します。そして、空想世界（無意識領域）から現実世界（意識領域）への復帰、《基底的想定》グループから《ワーク》グループへの移行は、**現実を明確化する他者**の介入によって可能になるはずです。

というのは、この人びとが空想世界に逃避したこころの部分「以外」の部分は、現実感をもってはたらく健康な状態にあるからです。現実に外界にある急性の脅威は、それに対応するこころの部分に影響して歪めることはありますが、それ以外のこころの部分は健康で、日常的な活動性を保持しています。だから、排除するグループの人びとも、日常的・職業的な社会生活を特に支障なく送っているのです。

問題は、無意識的な防衛機制の発動の原因となる、不安や脅威、ストレスが客観的な外界に見当たらない場合です。

原因が見あたらないのに、強力で、変更が難しく、執拗に持続され続ける〈防衛〉メカニズムがはたらいて、こころの動きが大きく占有され、現実的にはたらく**健康な部分が弱小化する**、という事態が生じることがあります。精神的不調、精神障害は、その事態のひとつです。

防衛機制の発動原因がわからないのでは、何にどう対処すれば健康を回復できるのかが、わかりません。この状態に治療的介入がなされないと、永続的にこの状態を続けることになって、その人の対人関係や社会生活、ひいては人生それじたいが大きく障害されます。

　そこで、治療作業が為される場合は、不適切な防衛発動の原因となったものを、その人の無意識領域で探索することから始めることになります。その実際例を、このあと示してゆきましょう。

精神分析的心理療法の実際

私は長年、総合病院の精神科で、精神疾患に対して心理テスト、個人心理療法および集団心理療法をおこなってきた臨床心理士で、個人力動と共に集団力動を心理療法のなかで考え、治療のためにその力を利用しようと努めてきました。

その経験とそこから得た知見を、共に心理療法を学んだ仲間の治療例とあわせて、皆様と考えてみようと思います。それらの治療例のなかで示されるのは、「個人力動や集団力動を理解することが、どのように人のこころの成長発達に寄与するのか」という実例です。そして「精神障害に陥った人が健康を取り戻すのに、それらの力動を理解した治療者によってどのように援助されるのか」の実際です。

第三章

こころのあらわれ
――言葉や考えが誕生する

治療例 1

「二～四歳の自閉症スペクトラム児の精神分析的グループプレイセラピー」〔石田 2015〕をもとに

自閉症スペクトラムの幼児の多くは、ことばがほとんど出ないか、ことばが出ていても、こころの内にある感情や考えを表すはたらきは表面的で、人と関わることを回避するか、無関心であるか、その関わりにしがみついて終われないか、の傾向が見られます。いわゆる精神分析的アプローチは、長いあいだ、こころをことばで表す能力を備えた子どもを対象としてきていて、自閉症スペクトラムの子どもには向かないとされてきました。また近年、個人療法においては、自閉症スペクトラムの子どもに精神分析的な取り組みがなされていますが、グループでの取り組みの多くは、教育的・療育的なもので、グループ・プレイセラピーでの精神分析的な報告は少ないのが現状です。

今回、報告する「精神分析的方向づけをもつグループセラピー」は、自閉症スペクトラムの子どもたちに対して、伝統的な精神分析にあるセラピストの中立的・受身的技法を修正しておこなわれたものです。

つまり、セラピストが生き生きしたこころをもつモデルとなって積極的に子どもたちに介入する技法に変えて、子どものこころの関係性を活性化させ、こころをことばで表す象徴化機能を促進し、そして、現在と過去が未分化な（あるいは過去を再構成する力がない）子どもたちに、〝今ここ〟での現在の関係を過去の重要人物との関係の転移*として解釈する仕方でおこないました（この方法はTakahashi & Washington〔1991〕を参考にしています）。

*転移　精神分析療法によって退行し、無意識のうちに治療者に負わせるさまざまな「非現実的役割」、および、幼児期体験に由来するこの「役割者」への患者の反応。

今回報告するグループは、発達に問題をもつ子ども（通園せず）の情緒発達を目指すグループプレイセラピーと、その親のサポートグループとして実施された。週一回一時間、無料で、一期一一回、年間二期を、セミクローズドで開催した。

当グループの参加者は男一〇名、女一名で、二歳九ヵ月から四歳五ヵ月、平均年齢三歳七ヵ月であった。B男、D男の二人はことばでのやりとりができたが、他は、ことばがないか一方的にことばを発するのみで、対話は困難だった。母親グループは別室で、「子どものこころを理解するサポート」を目標とした。

初回、感情の言語化が難しいA男が『風邪ひいた。行かれへん。もうすぐ治るけど』と入室を渋った。入室は怖いけれど興味はある、両価的な気持の表現だと思われる。

B男は遊んでいる子どもたちのおもちゃを奪い、次々とけんかをひき起こした。特に、みんなから離れて一人でいたD男とのけんかは、激昂したD男が治療者の頭にプラレールを思いっきり投げたことで、全員に緊張が走った。治療者がD男に注意し、同時にD男の『みんなと遊びたいのに遊べない』気持をことばにすると、D男はみずから、他児の輪のなかに入って行った。グループは落ち着き、けんかが減った。終了後、A男は『風邪、治った』と言った。

第2回で、初めて参加したE男がセッションの半ばまで泣き続け、遊びの邪魔になって、グループは苛立っていた。D男は脅して泣き止ませようとし、F男は料理を持って行って慰めた。両者ともにE男が泣くのを止められなかったが、少し落ち着かせたので、治療者が《お母さんのところに帰りたいけど、みんなのところでも遊びたいね》と、E男の葛藤をことばにすると、泣き止んで、キッチンで遊びだした。

グループの雰囲気が落ち着いた直後にB男とC男が、治療者の目の前で激しいけんかを始めた。治療者は全員に《またうるさくなっちゃった。困ったね》。次に二人に《E男が泣き止んでホッとした。でも先生はずっとE男のところにいて、僕らをぜんぜん構ってくれなかった。「もっといっぱい遊んでよ」と言っているのかな》と、放っておかれた悔しさをことばにすると、B男は治療者の顔を見ながら『そうやで』と言った。C男は黙っていたが、表情はほころんでいた。

これを機に子どもたちは活発に動きだし、けんかを繰り返しながらも数人が固まって遊ぶことが増えていった。この介入技法は「group as a whole の解釈をし、その後……より明確な、そして個人に焦点づけた解釈をおこなう」段階的アプローチ（step by step approach（Takahashi & Washington, 1991））を採用したものである。この「段階的アプローチはまた、強い感情、特に被害的な気質からくる強い感情、を持ちがちな個人に向けて、解釈の衝撃に対する耐性を増す」ことができるゆえに用いた。

第3回、一人でポツンと太鼓橋のなかに引きこもっているG男に《ここは安全な場所。ここから出るのが怖いかな》と話しかけると、突然、支離滅裂な内容を話し出した。《人と話したい気持がたくさんあるけれど、どう話していいかわからないのかな》と、治療者の理解をことばにして伝えた。終了後、G男は母に『この人、お友だちと治療者を紹介した。

第4回、B男が何度か、おもちゃを巡ってけんかを繰り返した。B男とK男がトラックを取り合い、治療者が介入して収まったが、B男は治療者とK男の仲を嫉妬して、けんかが再燃した。そのけんかの最中にB男が『怖い、怖い』と言い、治療者が《ほんとうはB男が怒っていて、それをB男が怖がっているのだけれど、「K男が怒っていて、K男がやっつけにくる」と思うのかな》と、投影を解釈すると、B男は『そうや』と答えた。

そのあとでB男がH男の電車を取り、H男が反撃したので、B男が『キー』と奇声をあげた。遠くにいたC男、D男がB男に呼応して奇声をあげ、グループは落ち着きをなくした。治療者はB男に《他の子が持っている物はどれもいいもので、「ぜんぶ僕のものにしたい」と思って、取るのやね。でも、取っても取っても、また欲しくなる。そして、あとで「悪かった」と、いつも思っているのやね》と、貪欲と、貪欲な自分にもつ罪悪感を解釈した。B男は動きを止め、治療者の目を見ていた。その後のB男は落ち着き、人の物を取ることが減った。☆1

☆3-1
B男とグループは、「結合力が著しく欠如していて、結合に向かう傾向と細分化する解体に向かう傾向が交互に生じる」妄想-分裂ポジション*〔Klein, M. 1946〕から、「対象の愛する側面と憎む側面の統合が悲哀感と罪悪感を生み、これらの感情は……情緒生活及び知的生活における生き生きとした進歩を意味している」抑うつポジション**に移行しました。

第5回で、C男にロボットを取られたG男の腹立ちを治療者がことばにすると、G男がピストルで治療者を撃ち続けた。《C男の代わりかな》と言いながら、治療者は撃たれ続けた。これ以後、G男は毎回、治療者を撃ち続けた。

第6回ではF男が、治療者にだけボールを投げつけ、壊したパネルハウスの屋根で叩いた。《治療者は敵かな》と言うと、F男はニヤニヤした。治療者にことばで理解される体験は、同時に、ことばで自分のこころに侵入される体験でもあって、親愛と同時に攻撃性も強まるのかもしれないが、「どちらの気持ちも心的距離の近さがあってのことであり、治療的な関わりになり得る」〔Tezuka, 2010〕。治療者がG男やF男の遊びの劇

＊妄想-分裂ポジション　p.11参照
＊＊抑うつポジション　乳児が生後四、五ヵ月から体験し始める情緒発達概念。自己と対象は「良い部分」と「悪い部分」の両方をもつ統合された全体と認知され、「愛」と「憎しみ」が両価的に意識され始める。「自分の悪い感情が、良い対象を傷つけたり死なせたのではないか」という喪失感・罪悪感が〈抑うつ不安〉となり、この不安をもちこたえるために、対象の「良い部分」の取り入れ同一化が積極的になされて、↖

化 *dramatization* として表現された「攻撃性」の転移を引き受け、割り当てられた役割を演じることによって、彼らが転移した感情に生気を与えた。

第7回で何人かは、治療者らを介さずに交流することが増えていた。K男がキッチンを占有し、E男を突き飛ばして排除したが、後で料理をE男に持って行った。D男が一人でかくれんぼをしていて、C男が「見つけた」と言うと、飛びかかるようにC男に抱きついた。嬉しかったようだ。D男は、思うように集団に入れない悔しさから か、哺乳瓶の乳首を強く噛んでいた。終了時、B男が退室を渋って引きこもると、ほぼ全員がB男の側に行き、『B君帰るよ』と呼びかけた。

第8回で、治療者が《あと四回でグループが終わる》と伝えると、グループは静かに聞いていた。B男の横にいたI子が立ちあがると、B男が『お姉ちゃーん、遊ぼうと思っていたのに』と声をかけ、暴れ者のB男が女の子に声をかけたのが珍しかったのか、二人に注目が集まった。少し後でI子がB男のもとに戻り、二人はハイタッチした。A男、F男、G男の三人は、仮面ライダーの変身グッズについて五分ほどおしゃべりをした。

以後の回で《あと何回》と治療者が言うと、E男が指を折って数え、B男・C男・D男が奇声をあげて、治療者の発言を阻止しようとした。グループはざわめいてきて、

↘ 過剰な〈投影同一化〉が減退していく。この試みが成功すると、「自分が対象を傷つけたことを受け入れて、良い対象を修復・再建しようと努める」償いの感情を体験し、さらには、「傷つけたにも関わらず愛情を注ぎ続けた対象への感謝」、「傷つけないように配慮する思いやり」という成熟した感情が生まれる。

再び小競り合いやけんかが起こった。

G男は持っていた拳銃を取られると、バットとサングラスを持ってきて、サングラスを治療者に渡して『サングラスをかけて、怖い顔して』と言い、バットで背中を強く叩いた。グループの初期に引きこもって一人でいたG男は、自分の理解者である治療者に、拳銃を取られた（あるいは終了させられる）ことへの怒りを向けるには、「サングラスをかけた怖い人」として治療者を演出しないと怒れなかったようだ。象徴化機能の進歩を感じさせる。

第10回ではB男とC男がぶつかった。最初のけんかでB男は、泣いているC男に謝ったが、C男は許さなかった。そのためにパニックになったB男を、A男とH男が慰め、C男はいっそう大声で泣いた。二回目のけんかでは、C男がブロックで上手に剣を作り、B男はろうそくを持ってA男・D男・H男らとハッピーバースデイを歌って、両者が気持ちを切り替えた。

G男が怪獣を持ってきたので、《みんながけんかして、怪獣が出てきたのかな》と聞くと、G男が『うん』と答え、怪獣に篭をかぶせてA男と一緒にやっつけた。また、G男が緑のヘビを指して『これ死んでるから、触って』と言うので、治療者がこわごわ触ろうとすると、R男が笑いながらヘビを動かした。治療者の介入に依存して他者と関わっていた子どもたちが、みずからの意志や考えで動き、かつ他者と交流できるようになった例だと思われる。☆2

☆3-2

生き生きとしたこころをもつ治療者のはたらきかけ、「生きている相互作用を見ていくこと」［Alvarez,A., 1992］で、こころに広がりや豊かさをもたなかった自閉症スペクトラム児が、自分では考えることができなかったさまざまな感情を抱き、考え、伝えることができるようになりました。すなわち、象徴化能力を持つことが可能になったのです。精神分析的グループ・プレイセラピーが自閉症スペクトラム児にとって有効であったと言えましょう。

最終回は、Ｇ男が入室せずに隠れて『治療者に見つけてもらう』と言い張り、入室が五分遅れた。Ｈ男は母との分離を嫌がって、やはり五分遅れた。Ｊ男は開始後まもなく、トイレに行くことを求めた。

おもちゃの取り合いで、Ｂ男・Ｃ男・Ｅ男・Ｋ男のけんかが続いた。治療者は《怖いものがたくさんあって、自分たちだけではまだ守れないと思っているのかな》と伝えた。Ｇ男が人形を寝かせて、Ａ男・Ｂ男・Ｃ男が参加して可愛がった。

終了を告げても、誰も動こうとせず、Ｉ子がゴミ箱におもちゃを隠した。治療者が《ここに入れておいたら、遊びの続きができると思うのかな》と言うと、Ｉ子は泣き始めた。Ｋ男がＩ子の背中や両脇をとんとんたたいて慰めた。Ｃ男が「よっしゃ」という感じで靴をはいた。Ａ男・Ｂ男が最後まで抵抗していた。

たがいに了解する関係

言葉を持たない、あるいは言葉が未熟な子どもは、自分のこころが感じ、考えていることを、名づけることができません。そのため「行動」で自分の**こころの動き**を伝えるしかないのです。自分の感じるもの、考えているものを取り扱う術がなく、受動的にそれらにただ巻き込まれている状態です。

集団との関わりのなかで、子どものこころが感じ、考えた、その内容を治療者がことばに換えて伝えることで、子どもがそのことばを用いて自分の感情、考えを名づけて理解し、そのことばを用いて他者に伝え、他者が子どもを理解することができるようになって、両者のあいだに相互交流が生まれます。相互に了解する関係が生まれるとその世界が安定するのは、〝人類がもつ宿命〟〔フロイト〕が基盤にあるからです。

それでは次に、この子どもたちと同じ障害をもって成人になったL男の問題と、それを個人および集団心理療法でどのように治療したかの実際例を、お示ししましょう。

第四章

自己愛世界に他者が登場する

治療例 2

「多様な病態水準で引きこもり症状を示す患者達のコンバインド、コンジョイント・セラピー（II）——成人高機能広汎性発達障害に対する集団力動と治療様式」〔手塚 2012〕をもとに

私はこれまでに、発達障害者が加わった小グループのセラピーを二例経験しました。[☆1]

[☆4-1] 一例目はコンバインド・セラピー、*二例目はコンジョイント・セラピー**でしたが、どちらのグループにも強い怒りの感情が生じて、グループ内に**闘争－逃走・依存・つがい**の三つの《基底的想定》文化や、「第四の基底的想定」〔Hopper, E., 2005〕といわれる**非凝集*****が広がりました。

発達障害者を加えた一例目のコンバインド・セラピーでは、唯一の男性で発達障害か統合失調症性人格障害が疑われる就業中のメンバーが、沈黙を続けたのち、自分たちの問題を話し合う就業していない女性メンバーたちに対して『つまらない話をする』と侮辱しました。女性メンバーのひとりが『集団心理療法は、自分たちの問題を話し合う場だ』と言い返すと、突然その男性メンバーが椅子を振り上げようとして、私は驚いて制止したのでした。[☆2]

男性メンバーは『自分は働いているのだから問題はない』と、自分を理想化し、他メ

***コンバインド・セラピー**　集団／個人心理療法を同じ治療者がおこなう。

****コンジョイント・セラピー**　集団心理療法と個人心理療法の治療者が異なる。

*****非凝集**　グループでない状態に退行する文化。p.96参照

ンバーを価値下げていました。その後の個人療法で、グループのときは黙っていた自己愛性障害の女性メンバーが「男性を刺す」と主張し、話し合っても翻意しませんので、私はやむなくその集団心理療法を中断させたのでした。

☆4-2 このグループの集団力動に対して、治療者として私は、中立的・受身的・隠れ身的に[*4]関わっていました。

次に述べるのは、私にとって二例目の発達障害者を加えた小グループ集団療法です。[☆3]治療者である私は、前述の治療例とは異なる態度をとりました。つまり、やや能動的・積極的に、明確化・直面化で現実を維持する治療態度をとりました。[☆4]その実際を私の論文の引用で示そうと思います。

☆4-3 やはり、グループには《基底的想定》文化が蔓延し、さらに〈二人精神病〉[*5]〔Melzer, D. 1975〕が生じていて、メンバー間の交流が非常に歪みました。

☆4-4 そうしたところ、それが「容器」[*6]となって、まず発達障害者以外のメンバーに、フロイトが「集団心性」だと指摘した、治療者や仲間への〈同一視〉[*7]〔Freud, S., 1921〕が生じました。そのあとで発達障害者が治療者に〈附着同一化〉[*8]し、次に治療者を〈トイレット・ブレスト対象〉[*9]〔メルツァー〕あるいは「攻撃者」だと見なすようになりました。最終的には、嫉妬を向けて対峙する対象となった治療者に〈同一視〉する態度が生まれました。同時に、発達障害者の「二次元」性の心的機能が「三次元」性[*10]へと発達して、社会性能力が確かにはたらくようになりました。

*4 **中立的・受身的・隠れ身的**　小此木啓吾が提唱したフロイト的治療態度。治療者が適切な心的距離を保って、治療者自身の感情を自己洞察し、安定し一貫した治療態度を続けるために取る治療態度。

*5 **二人精神病**　☆4-8／☆4-10参照

*6 **容器機能**　ビオンによって提唱された、母子関係の重要な機能。赤ん坊が「欲求不満」にさらされ、耐性が十分にないときに、欲求不満に満ちた自己の部分を母親に投げ入れるが、母親はそれを受け入れて「欲求不満」の意味を理解し、赤ん坊が自分の「欲求不満」を理解できる状態にして返す機能のこと。――具体例としては、前章の【治療例1】で幼児の欲求不満を治療者が言葉にして返した機能。

【治療構造】

総合病院精神科外来で実施された週一回八〇分、自由に話をし、二〇回ごとに出入り可能なグループで、五人の参加者で六年を経て継続中。全員が当グループセラピー開始以前から、筆者や他の治療者による精神分析的個人心理療法を受けていた。治療者は臨床心理士の私と、時に訓練のために心理学科大学院生が一名ずつ、各三ヵ月間、複数がメンバーとして参加した。

【参加者】

L男〔三〇代〕**診断名は高機能広汎性発達障害。**

大学実習で子どもに実行不可能な約束をし、それを咎められて始まった抑うつと社会的引きこもりで精神科を受診。十年あまり、他心理士による個人心理療法を受け、加えて当集団心理療法に参加するコンジョイント・セラピーを六年間続ける。抗うつ薬服用。自己愛性パーソナリティ障害が目立つ。

M子〔二〇代〕**診断名は、強迫性障害。**

高校生時に「悪いことを考えると実際に起こりそうで考えない」「ゴミ袋に子どもが入っていて焼かれてしまうので、ゴミが捨てられない」と、考えや行動が自由に行えなくなった。七年余り筆者による個人療法、加えて当集団療法に参加するコンバインド・セラピーを六年間続ける。服薬を拒否。個人療法開始後アルバイトを始めたが、一

*7 **同一視**　自分を愛し、育んでくれた対象との別離を経験しつつ、自我は、対象にしてもらった機能を自身内部に取り入れ、みずからの構造を分化させて、自律性と個体化過程を進むこと。

*8 **附着同一化**　最早期の原始的防衛で、〈同一視〉が生じる内的空間の形成に支障が生じて、行動は「模倣」に終始し、自分の価値観をなくして、権威的な人や組織の価値に従うことしかできない。D・メルツアーはこれを、自閉症の心的傾向の特質であって、自閉症者は内的空間を認識できず、表面のみに依拠する二次元的な平面関係が対象関係の中心となると考えた。

年ごとに勤務先を七回変え、その後は継年勤務している。

N子〔二〇代〕**診断名は、統合失調症。**

対人関係の不調から大学卒業後引きこもり、何時間も手を洗う、失踪、家庭内暴力や家族の行動支配、拒薬や入院拒否で治療に抵抗する、などの症状を示した。筆者による個人療法を三年、加えて当集団療法に参加するコンバインド・セラピーを二年間続けたが、メンバー関係から不眠や不穏状態が強まり、筆者の指示で集団療法を中断、一年後に個人療法も終了した。抗精神病薬を服用。

O子〔三〇代〕**診断名は、摂食障害。**

中学生時に摂食障害から不登校になり、通院中の児童青年精神科治療を拒否して、二〇年以上、家庭内に引きこもった。三〇代にパニック障害も加わり、精神科通院を開始。家族付き添いのタクシー通院と二度の精神科入院加療、筆者による七年の個人療法に加えて、当集団療法に参加するコンバインド・セラピーを五年続ける。抗不安薬を服用。依存性パーソナリティ障害に、自己愛性パーソナリティ障害が潜む。

P子〔四〇代〕**診断名は、統合失調症性障害。**

高校生時に自己臭で発症、就職先の人間関係から、両親の貴賤妄想が強まり、家庭内に引きこもった。母親と一体化した状態で、筆者との十年間の個人療法で抗精神病

＊9 **トイレット・ブレスト対象**　心的苦痛、迫害不安、自己の望まれない部分を排除するための、トイレ用の乳房〔Meltzer,D. 1967〕。——自己と対象とのあいだに境界がないことで引き起こされた「地理的混乱」から自己部分を修復するために、不安や迫害的な自己部分を「排出」する、現実の外的対象。この対象を経験して、過剰な〈投影同一化〉を放棄することができ、対象は「トイレ機能」と「栄養を与える機能」にスプリットされる。

＊10 **二次元性／三次元性の心的機能**　☆4-6参照

薬を服用しながら、就職、結婚、出産して、個人療法を終了した。しかし、対人関係の不調と子どもの入園で孤独感が強まり、個人療法を再開して四年。加えて、当集団療法に参加するコンバインド・セラピーを三年間続けて、近医への転院で終了した。

L男、M子、N子が参加した第1回の最初に、筆者が治療目的（全員の問題である「引きこもり」症状を考える）と治療構造（開催曜日・時間とともに、「他者に配慮しながら、深く広く気持を言葉にして語る」こと、「他言や集団外のつきあい、暴力を禁止する」ことなど）を提示すると、誰も何も言わない。

するとL男がニヤニヤ笑い、大きな嘆息、身体を折り曲げて頭を抱えるなどを始める。さらに沈黙が続くなかで、L男が「名乗るかどうか」をグループに問い、他メンバーが『どちらでも』と言って再び沈黙に戻ると、L男の上記行動が激しくなった。筆者が《L男は言葉ではなく、動作で気持を伝えている。どんな気持だろう》と介入した。するとN子が『名乗ると話せなくなるかもしれない。どうしたらいいかわからない。多数決に合わす』と、混乱した様子で言う。

L男が笑い、N子の発言に反応しないまま『沈黙が苦手』と、自分の気持を言葉にしたが、誰も何も言わない。[☆5] M子が『名乗るかどうかを、多数決で決めるのかどうか』と問うと、L男が『姓を名乗るか、名を名乗るか』と、名乗ることが既に決まったように応え、M子は黙った。M子は自分の提案とL男の反応のあいだのズレを感じたようだが、どのようにズレているのかが明確に捉えられず、戸惑っているようだった。

そこで筆者が「話のズレ」を明確にすると、L男は驚いて『わからない』と言う。するとM子がグループに治療動機を問い、L男は、『人の意見を「自分の意見だ」と思っていた。事件が起こると「自分が起こした」と思っていた。神のように引き受けていた。幼稚園からいじめられ、いじめられないためにしていた。今は気づいている』と言う。☆6 M子は『いろいろ気になってしんどい』、N子は「家族に対して荒れてしまう」という問題を挙げた。

☆4-5 私は「他メンバーが、L男の誇大な笑いを『怒りの反動形成*だ』と感じて、敬遠している」と思いました。

☆4-6 私はこれまでのL男の言動を、成熟した心的機能である「三次元」性に至らない、メルツアーが「自己の中に空想、思考や記憶のための空間がない。対象は表面の官能的な特質に基づいて意味を持つ」〔Meltzer, D., 1975〕と述べた「一次元」「二次元」性の状態にいるために生じたと考えています。

したがって、L男のコンジョイント・セラピー課題は「三次元」性の心的機能に至ることだと思われますし、これまで十年間の個人治療によって、自己のみ（自己愛的空想世界――「神のように引き受けている」）の「一次元性」心的機能状態から、表面だけの他者ではありますが他者が存在する「二次元性」心的機能状態（「空想だと気づいている」）に移行したのだろう、と考えています。

第4回で筆者は、集団内に長く続く沈黙に対して《見知りたいけれど、見知られるのが不安。名乗りたいけれど名乗りたくない。そんな葛藤がある》と、グループ全体

*反動形成　みずからの意識の内の受け入れ難い内的な空想・欲求・衝動などの表出に、本来、目的としていたのとは逆の方向の言辞や態度を強調して、妥協形成をはかる防衛機制（例：慇懃無礼）。

の初期不安と葛藤を解釈したが、反応はなかった。

私はそれまで、個々メンバーの言動に介入していましたが、その個々の介入に共通している〝見知りたい欲求／見知られる不安〟葛藤を検討する心的スペースの準備が、グループと各個人内に生まれ始めたと判断して、グループ全体への介入に変えたのです。ここで私は、「グループが、すべてのメンバーに共通する根底にある葛藤によってしばしば支配される」と想定し、「最初の段階では個人の問題が扱われて、グループ全体の解釈を定式化するためのデータとして使われる」とする、帰納的接近法を用いています。[☆7]

☆4-7

このL・ホーウィッツ〔2014〕が提唱する〈帰納的接近法〉の利点は「メンバー間で共有していることが強調されることで、（共通の）グループテーマによる（個々の言動に対する）保護や支持をもたらして、より強い凝集性*や、すべての状況にメンバー各々がどのように寄与しているかについての理解が増す」ことにあります。

この筆者のグループ全体への介入の後に、N子が『「わからない」と言うわたしにL男がニヤニヤ笑った意味は？』と唐突に尋ね、L男が『自分で決めないことを馬鹿に

*凝集性　p.10参照

した』と率直に答えると、N子は『わたしが言ったことを悪く思わないように』と命令し、迫害感を強く示した。

N子のこの迫害感や混乱は、筆者の介入で起こったようなのだが、その繋がりがよくわからない、と筆者は思った。メンバーたちは『「N子が悪い」と思っても言ってはいけない、とN子に言われた』と話し合い、N子は黙って頷いた。

次の第5回でもN子は、L男が唐突に同じ質問を繰り返して、L男が『自分が笑ったことに気づかなかった』と否認、『馬鹿にしたのかもしれない』と曖昧化する防衛を示した。すると以後N子は、L男のこれらの言葉に怒り続け、L男は混乱した釈明を言い続けた。この間、M子は、二人のあいだを調整しようと努めたが、効果がないなかで次第に現実感を失い、中核内容を周辺内容に強迫的に置き換えた、長い話をするようになった。するとN子がニコニコと頷いて、その話を理解したように語るのだが、二人の話はまったく噛み合っていなかった。[☆8]

筆者はグループのこの精神病様相互関与の発現を明確化して、その理由を《メンバーは互いの違いに耐えられず、「違いがある」と感じると「他者が悪い」と思うようだ》と解釈した。メンバーはうつむいて黙っていた。

[☆4-8] M子とN子の交流のありようは、メルツアーが〈二人精神病〉として「二重の投影同一化が同時に起こり、一方に属するものか他方に属するものかを区別することが不可能」〔1975〕と述べた状況のようです。

私の「〃見知りたいけど／見知られるのが不安〃、〃名乗りたいけど／名乗りたくない〃葛藤がある」という解釈の影響を考えてみましょう。

「グループ全体の葛藤文脈の解釈」として投与された私の解釈は、[☆9] L男とN子の**闘争-逃避**現象、M子とN子の〈二人精神病〉現象を引き起こしました。解釈がそれぞれのメンバーを特徴づける**葛藤あるいは防衛の覆い**を取った結果が、この特徴的な現象の出現になったのだろうと考えます。

こうした結果は、非常に原初的な対象関係や思考障害の存在を明らかにしましたが、それらの内容が、容易には〈【治療例1】で、子どもたちの言動の意味あいやこころの動き、欲求や願望などを、治療者が推測したようには〉推測することができない幻想的な内容で、さらに**覆いを取る**ための治療作業を何度も繰り返さないと理解できないものでした。[☆10]

☆4-9

精神分析的集団精神療法について詳細に述べた『第四の耳で聴く』の著者で、前述〈帰納的接近法〉の提唱者であるL・ホーウィッツは〃グループ全体の葛藤文脈の解釈〃について、「精神力動的なグループ治療者、特に全体としてのグループを扱う治療者は、治療グループにおいて洞察*を進展させる為に、特定のメンバーを特徴づける根底にある葛藤あるいは防衛の覆いを取ろうとして、理想的には、グループ全体の葛藤という文脈で解釈をする」と紹介しています〔2014〕。

***洞察**　治療的洞察（意識化）を意味していて、転移 - 逆転移関係のなかでの、その関係性に関する情緒的洞察を基本的特質とする。

☆4-10

この繰り返し覆いを取る作業が、ワークスルー（徹底操作）** といわれる治療技法です。

子どもたちは、こころがまさしく生成されつつあるなかで集団心理療法を体験しているので、こころに重層性や表裏性がないのですが、成人のこころには、これまで生きてくるあいだにさまざまなストレスやトラウマを体験して、こころを「防衛」する多様なメカニズムが重層的に、表裏性を伴って発達しています。

これらの体験の〝忘れられたもの〟が、遺跡のように年代順に貯蔵されている場所が「無意識」領域なのだ、とフロイトは言います。私の解釈がその覆いの一部を取って、《基底的想定》で防衛するこころのメカニズムや〈二人精神病〉状態を露わにしましたが、その意味あいを理解するにはまだまだ材料が足りないので、さらにワークスルーすることになります。

O子が第20回で参加してすぐに、N子の「名乗れない」とする発言を理解しないまま、よくわからないアドバイスを始めた。N子は不快感や攻撃的言動を示したが、O子は超然として無言でいた。すると、次第にN子の不眠が悪化して、集団療法を休むようになり、筆者は、不眠が改善するまで集団療法を中断させると決めた。結局、N子はグループに復帰できないまま、参加二年のこの時点で、コンバインド・セラピーを中断して、個人療法のみを続けることになった。N子は、L男の「二次元性」*** 状態への違和感を主観的な攻撃や命令で辛うじてみずからのこころの内から吐き出せたが、O子の自他境界がない「一次元性」にいる病理には呑み込まれてしまい、精神病性の

**ワークスルー　単なる解釈や指摘だけでは、それをこころから受け入れて同化するには苦痛を伴うので、繰り返し抵抗が生じる。この抵抗を減らして、解釈を根づかせ、長年続いてきた精神構造を変えるために、治療者と患者が十分に時間をかけて共同作業をおこなうこと。

***一次元性・二次元性　☆4-6参照

混乱が強まったようだった。このN子の反応から、呑み込んだ側のO子の病理性も精神病水準にあるようだ、と推測できた。[☆11]

L男はこの状況で、質問に問い返して答えない（立場を逆転させる置き換え）*、理解し難い理屈を言う（合理化）**などの防衛を強め、「簡単に謝るがまた繰り返し同じ行動をする」受動的攻撃を顕著に現しました。M子は失念（抑圧）***や勘違いで集団療法を休んだり遅刻することが増え、三人以上の参加で開催する小グループの開催を困難にしたのも、受動的攻撃でしょう。このなかでO子は、超然として関わらないでいることで、みずからの問題や未熟さを否認していて、自分自身を非常に特別な人物とする「自己愛」パーソナリティが存在するようだ、と私は思いました。

[☆4-11]

グループには憤怒が蔓延し、それを防衛しようとして〈二人組精神病〉が絶えず起こり、グループ内交流の記憶や認識がメンバー間でズレて歪み、現実の材料が失われていった。そこで筆者は、〝今ここ〟でおこなわれているグループの表層の交流を明確化・直面化して、グループの現実を維持することを試みた。[☆12]

この時期の筆者による直面化は、不可解さが目立つL男の言動に多く向けられた。L男の言動には興奮が目立ち、筆者が《以前に集団療法を経験していて、グループで唯一の男性であるL男が、「良いグループ活動」の見本を示そうとして緊張、興奮している》と解釈すると、L男は『気づかなかったが……』と認め、他メンバーは『自分たちはL男に世話される必要はない』と拒否して、グループは沈黙に戻った。するとL男が、自分をいじめた友人や無理解な親の昔の話をして涙し、筆者が《当グループで

*置き換え　p.ix,22参照
**合理化　p.ix参照。もっともらしい説明を与えることで、認め難い現実を見ずに済ませること（イソップ物語の『すっぱいブドウ』など）。
***抑圧　p.ix参照。ある観念や記憶を意識から排除して、無意識のなかに押し戻したり、閉じ込めたりしようとするこころの動き。

も、いじめや無理解があると感じる》と解釈すると、激しく否定して沈黙し、印を結んで瞑想を始めた。が、すぐに時計や筆者、他メンバーの顔を覗き込んだり、溜息やさまざまな表情をして見せた。

筆者が《どうしたのか？》と尋ねると、L男は『どうするのですか？』と問い返して、他メンバーや筆者の問題に「逆転」させた。筆者は《L男のこの問いには、怒りの気持がある》と解釈したが、L男は受け入れなかった。☆13

他メンバーは多くが沈黙して、L男の不可解な言動と関わらずにいたので、明確化や直面化で理解しようと努める筆者だけがL男に関わることになったが、その介入にL男は、『でも……』を頻発して、長くわからない反論をし続けた。《筆者の介入に不満、怒りがある》と解釈するが、L男は曖昧な反応を続けて、それを明確化する筆者とのやりとりが度々、グループの時間を何十分も占領するようになった。

それを《筆者がL男の問題だけに関わっている》とグループに明確化すると、他メンバーは『自分たちの話もしたい。困る』と言うのだが、しかし、一向に話をしない。他メンバーは、「自分たちが何も作業しなくても、筆者とL男の**つがい**になったやりとりで、自分たちの問題も解決するだろう」と想定する**依存**基底的想定文化に居た。

☆4-12　メルツアーが「偽りの成熟*を治療する際は、早急な解釈をおこなわず、偽りの成熟行動を指摘する援助が最善」〔1992〕と述べた技法と重なります。

***偽りの成熟**　理想化された対象と自分を混同することで、「大人からの分離」と「大人への依存」を否認するもので、その根底には、侵入的投影同一化による「自己の内部と対象の内部の同一性の混乱」がある。

☆4-13

以後も、L男の怒りをさまざまな機会に解釈することを続けたところ、「怒りがわからなくなっている」と、攻撃的感情を否認*する防衛機制にL男が気づきました。

筆者はこのような状況を《L男はグループで筆者を独占していることに満足があるようだ。かつて親を手こずらして、優秀な妹に向く親の関心や時間を取り返したことがあったのだろうか？》と、現在のグループメンバーや治療者との関係が、過去に優秀な妹へのL男の羨望を解消した策を転移したものか？　その策で親や治療者を独占した満足があるのか？　と解釈した。L男は過去の妹と両親とのエピソードを想起したが、現在のグループ内関係には曖昧な態度でいた。

筆者はL男の怒りの否認や転移を明確化・直面化すると同時に、《全メンバーに「他者に嫌われると、自分が持つ『いい人』理想空想が壊れてしまう」という不安があり、他者の話の不明な点や矛盾にも沈黙してやり過ごす、「批判、怒りの抑圧」をしている。その結果「真実」が価値下げられている》と、グループ全体の葛藤でもあると解釈した。

そうしたところ、L男以外のメンバーは深く考え込み、次第に、お互いの話の不明な点や矛盾を指摘しあって理解しようとし始めた。☆14

☆4-14

L男以外のメンバーは「リーダーとの同一視**で批判を言えば、『いい人』理想像と『真実』を守れて、かつ攻撃感情を表現できる」と体験したようでした。L男以外のメンバーは**闘争‐逃避・依存**基底的想定文化から脱して、ワークグループに変化して

＊＊**リーダーとの同一視**　フロイト〔1921〕は、集団心性の本質はリビドーによって集団のリーダーとそのメンバーが結びつくことであり、その過程で同一視の機制がはたらくこと、集団の多くは同一視の対象がリーダーであり、各々のメンバーが同じ対象を自我理想に取り入れて、その次の過程でメンバー同士の同一視が進む、と述べた。

＊**否認**　できごとの意味の一部ないし全体を、無意識のうちに拒否する防衛機制。

いったのです。

この変化は、私の「個人（L男）への解釈をまず投与し、その解釈をグループ全体の解釈に帰納する」帰納的アプローチ***技法で生じたもので、同一化によって対象（この場合は治療者）を自我理想に取り入れるので、内部からの成長・変化が生まれてきます。

この頃、L男が『祖母の通夜の準備を抜け出してグループに来た。グループを大事にしている』と言い、旅土産の菓子を差し出したが、他メンバーは「わざとらしさ」を言って土産を受け取らなかった。すると第83回でL男が『先生が土産に「よけいなことをして」と言った』第100回で『M子がO子はごまかすと言った』などと、事実でない記憶に依った怒りを頑なに主張し始めた。☆15

こういうL男にグループは沈黙し、筆者は《L男の内部に怒りが生まれると、「実際に発言されたのか、あるいはL男が思い浮かべただけなのか」「自分の考えなのか、あるいは他者の考えなのか」の区別ができなくなる》と、直面化した。

するとL男は、筆者がL男にしたように、L男が他メンバーの発言を明確化する、「リーダーとの同一視」を始めた。しかしその明確化は、相手の発言を繰り返しながら意味を変えるので、相手に自分の発言の趣旨を見失わせるものだった。

☆4-15

私やグループは〈トイレット・ブレスト****〉になっていました。依然としてL男の空想的対象ではありませんでしたが、これまでの「すべて良い」あるいは「すべて悪い」空想対象から、L男が「トイレ扱い」（価値下げる怒り方）をしてその脅威を減少させることができる対象に変化していたのです。

＊＊＊**帰納的アプローチ**　ビオンは「治療者の介入をグループ全体への解釈にのみ限定し、個人にはコメントしない」と技術的な提言をしたが、実践家たちに受け入れられなかった。

タビストック・クリニックでは、ビオンの考えを「グループテーマやグループ葛藤が明らかにされて解釈された後でのみ、患者と個人の作業ができる」というように一部を取り入れた、演繹的アプローチがおこなわれた。そしてマランら〔1976〕が、タビストック・クリニックにおける多くのグループ患者の予後研究で「患者の多くが『個人的に必要としているものが軽んじられている』という印象を持ち、グループダイナミクスの重視に不満を持った」と公表した。↖

そこで筆者は《L男の発言を明確化してきた筆者を「攻撃者だ」と感じていた》と解釈した。[☆16]

この解釈に支持されたのか、第100回頃からL男は『考えて話しているのに理解されない。他所ではうまくいっている』『祖母や、大学のカウンセラーは、うまく言えない自分の言葉をすべて理解した。先生とはそういう人だと思っていた』と、筆者への不満や怒りを初めて直接、言葉にするようになった。

筆者は《すべてを理解した祖母や大学カウンセラーを筆者に転移し「筆者が当然、理解するはず」と思ったので、筆者が説明を求めても説明しなかった》《筆者は困って、L男に、さらに明確化や直面化で確かめた。L男はそれを、いじめだと感じた》と解釈した。

すると、これまでの反射的に反論する態度が消えて、L男が考え込むようになった。そして『他所でも、コミュニケーションがうまくいかない。すぐ反発するのは、正しい指摘をする先生に嫉妬して、負けないようにしたためかもしれない』と言うようになった。筆者はL男のこころに「三次元（自・他・観察自我）で考えることが可能な空間」が現れたと思った。

☆4-16 私は、L男が同一視した対象（私）とは、いまL男が体現している「理解しない相手」であり、同一視は〈リーダーとの同一視〉ではなく〈攻撃者との同一視*〉だったと、気づいたのです。

↘ ちょうど同じ頃に、ホーウィッツは『第四の耳で聴く』〔2014〕で〈帰納的アプローチ〉を修正案として提案した。それは、患者たちとの個人の作業をグループテーマの解釈よりむしろ先行させる方法で、治療者は、一人もしくは数人の人たちと十分に作業をした後ではじめて、グループメンバーを互いに結びつけている共通のテーマとして、グループ全体の現象を取り扱う技法である。

****トイレット・ブレスト p45 参照

そこで筆者は《大学カウンセラーに「すべて理解される」と感じたのは、カウンセラーの考えにL男が合わせたからでは？》と解釈した。するとL男は、『祖母はすべて理解した。理解しない先生とは違うと言ってきたが、自分が話したいように話をして、祖母に合わせさせてきたのだ。祖母は亡くなってしまい、本当に祖母と話し合う機会を失った』と気づいて、号泣した。グループはしんみりとして、号泣するL男の悲しみを感じていた。☆17

☆4-17

《大学カウンセラーに「すべて理解される」と感じたのは、カウンセラーの考えにL男が合わせたからでは？》という〈附着同一化**〉の解釈でのL男のこの変化に、私は「不満対象」部分の私をも取り入れて考える〝内的空間〟がL男の心に出現した、と感じました。

ボーダーライン・パーソナリティや**自己愛パーソナリティ**の人たちは、きまって治療者を、自分の「救世主」であるか、さもなくは真反対の「無情で冷淡で破壊的な人物」であるか、どちらかの全能の人物だと見なします（スプリッティング）。***
救世主にせよ破壊者にせよ、彼らの内的知覚を〈投影〉した結果か、過去の重要なある人物に持ったイメージを現在の重要人物である治療者に〈転移〉した結果で、空想と現実の人間関係が錯綜している状態です。

＊**攻撃者との同一視**　子どもが脅威を感じて不安になったとき、その攻撃者に同一化する（攻撃者の属性を取り入れ、模倣する）ことで不安に対処する防衛機制。子どもの「超自我」発達途上でよく観察される。

＊＊**附着同一化**　p.44参照

＊＊＊**スプリッティング**　p.11参照

この状況において、グループに異なる知覚をもつ他のメンバーが存在し、治療者との関係を構築するのを彼らが目撃することが、「救世主か破壊者か」の治療者像を中和する解毒剤になることがよくわかりますね。

このグループの解毒剤にも助けられて、グループや治療者に対するL男の自己愛的な欲求不満を治療者が言葉にする（象徴化機能）と、その言葉をL男が認識していく体験に伴って現れたのが、「他者の存在と権利を考慮する必要性」を正しく認識する能力でした。自己愛的な欲求不満を解釈されるのは、L男にとって、傷に塩をすりこまれるような体験だったでしょうが、その〝痛み〟を自己愛状態から脱却する好機にする可能性を、精神分析的な個人・集団心理療法はもつのです。

理想的な環境のもとでは、多くのボーダーラインおよび自己愛パーソナリティ者が、自分の期待の不適切さを次第に認識し始めます。そして、欲求阻止されたときの自分の〝憤怒〟をトーンダウンさせることができ始めて、統合能力が強化されるのです。

この時期より前の第131回から参加していたP子は『自分はL男と似ている』とよく言い、前述のL男の変化や進歩を認めて言葉にしたあと、突然、これまでは隠してきた自分の精神病部分、妄想的なこだわりや主観的な思いを、長く繰り返して話し始めた。L男と同様の変化をP子の問題にも生じさせるように、とグループに求めているようだった。
するとL男がニコニコしながら、P子が『トイレに行った』と語るように仕向けた。グループはこのやりとりの意味がわからなくて戸惑い、筆者が「以前L男がとても恥ずかしがりながら『トイレに行った』と言い、他メンバーが戸惑ったことがあった」ことを思い出して言うと、グループは「L男は恥ずかしい話をP子にさせたかったのか？」を話し合った。P子は『馬鹿な話をしたので、L男につけこまれた』と、呑み込みと吐き出しで自他融合する自分自身とL男を感じたようだった。一方、L男は『そういうつもりはない』と繰り返して、筆者の《人を怒らせることで交流している》という解釈を受け入れなかったが、その後の個人療法で『父は寂しいから自分を怒らせる。自分も人に同じことをしている』と話して、筆者の解釈を使用した。

⚜

みずから『L男と似ている』と言い、L男が成した変化を自分にも当然与えられるとするかのようなP子を、L男が「恥ずかしいトイレ」と結びつけた、このエピソードが意味するL男の心情について、当時もさまざまな空想が私に浮かんだのですが、解釈にはまとまりませんでした。そして当時も、今も、私には〈トイレット・ブレスト対象〉*という言葉が浮かんでいて、分離しているのだけれど自分の内的なものを投影している対象、自分であって自分でない対象、異物であるけれど自分でもある、そういう対象が

＊トイレット・ブレスト対象　p.45参照

L男のこころにはっきり存在するようになったことを表しているのかな、と現在は考えています。

第170回で新参加者について話し合ったとき、L男は『人数が増えると一人あたりの時間が減るので、参加に反対』を表明し、すると、「これまでにL男の問題で長時間グループが占領されたことがあった」という話になった。L男は『自分は話していない。話した人〔筆者〕の時間だと思う』と主張した。

翌回にM子が『L男にいらいらして、それを解消するためにL男の問題を言ったときは、わたしの時間』と言うと、L男が実感をもって考え込む変化を示した。筆者は、他メンバーの考えの共感できるものを取り入れる、仲間との〈同一視〉がおこなわれていると感じた。その変化が話し合われると、L男は『怒りがわからなかったが、わかるようになった』と言った。ひどいいじめを生き抜いてきたL男は、激しい攻撃衝動から自他を守るために、攻撃的・否定的感情を否認あるいは分裂排除*する必要があったようだが、その防衛メカニズムが同時に、L男に、あらゆる他者との生き生きとした感情を伴う真の交流をできなくさせていたようだ。

L男にまだ多く残る、他者の話とズレる理解の仕方をさらに明確化すると、他者の話をL男が沈黙し集中して聴くようになった。すると、L男の問題がグループ時間を

---

*分裂排除（スプリッティング）　p.xiii参照

占領していたために隠れていた、他メンバーの病理性が次々と示されて、話し合われることが増えた。L男は他メンバーの問題に適切に介入し、大げさな表情が減って、落ち着いた様子になった。

グループ体験以前にはL男が適切に扱うことができなかった、仲間の内的生活について、グループで耳にする機会を否応なく与えられて、以前は仲間という存在が、自分のために利用して自己満足を得るための絶好の機会を意味するだけであったのが、むしろ、自他の異同があってなお「自分の仲間だ」と認識する能力の一助になったようです。

ここでは第265回までの集団療法内容を報告したが、最後に、この頃までのメンバーの変化を記しておこう。

L男は学習塾の採点アルバイトを始めて、その後に長年回避してきた就職活動に取り組み、不首尾が重なってもあきらめない欲求不満耐性と自己肯定感を示した。

M子は厳しい超自我が緩んで、自己感覚が強まった。

N子は治療コンプライアンスが向上して、家庭内で適応的に過ごすようになった。

Ｏ子は、二十年以上一人で出歩けなかったが、作業所通所を始めて、行動範囲と行動内容が拡大した。

Ｐ子は、母親と一体化した状態から少し自由になり、母親が厳しく禁じた怒りを直接的に表すようになった。

S・フロイト〔1921〕は、〝グループ心性〟の本質は、「生の本能」であるリビドーによって集団のリーダーとそのメンバーが結びつくことであり、各々のメンバーが同じ対象を理想像に取り入れ、その次の過程でメンバー同士の〈同一視〉が進むのだと述べました。

その〈同一視〉についてフロイト〔1917〕は、四、五歳以降に生じるもの、すなわちエディプス期（父・母・子どもの三者関係）とそれ以降に限定していましたが、後に、発達早期（母・子の二者関係）にも同一化が生じているとして〈一次的同一化〉と定義しました。この一次的同一化は、その後の研究者によって〈内在化〉過程として、「体内化‐取り入れ‐同一化」の発達ラインで概念化されました。それを説明しようと思います。

〈体内化〉（呑み込み）は、乳児が「母親の乳房を自分のものにしたい」と食人衝動を向け、乳を吸う口唇活動を介して、「乳を飲む＝乳房・母を食った＝体内に取り入れた」と空想することで、対象と自己が一体化し、乳児は安心感を得ます。

対象が激しく求められ、対象は、乳児の空想のなかで呑み込まれたり吐き出されたりしますが、現実には、乳を呑み込んだり吐き出したりしているだけで、「乳房＝母＝対象」は変わりなく存在し続けています。この現実が口唇期活動の破壊的質を緩和して、次第に空想のなかでも対象を保持し続けられるようになってきて、客観的な対象関係に基づく〈取り入れ〉が可能になる、と概念化されています。

L男のさまざまに他を気にしない行動やズレた受け答えをしているこころの内部は、対象（グループと私）と自己（L男）を空想内で一体化させた状態で、グループと私をL男が自由に呑み込んだり吐き出したりして取り扱うことで、L男自身の破壊的衝動を緩和し、グループと私を保持しようとしていたのだ、と考えます。

次の段階の〈取り入れ〉では、親の養育態度や禁止が取り入れられて、自己像に一定の変化が起こりますが、その取り入れられたものは子どもにとって「内的な異物」のように感じられている、と言われます。

グループの他メンバーが「リーダーとの同一視」を始めて、彼らと私の関係が**闘争-逃避**・**依存**基底的想定から合理的な関係に変化したことを感じたL男は、〈附着的同一化〉で私との距離を、トイレット・ブレストや攻撃者との同一化でグループや私との距離を、縮め始めました。

この近づき方から、L男にとって他メンバーを取り入れる接近姿勢は、「内的な異物」である他メンバーや私をトイレや「攻撃者」のように取り扱い、表面に附着するだけにしているのだと思います。

取り入れられたものが子どものこころの構造の一部となり、自己の行動を制御し適応を助けるようになると、〈同一化〉と呼んでよい最終段階に到達したことになります。同一化による変化は安定していて、親和と攻撃が中和された状態のエネルギーを使って、現実的問題への対応・調整活動を支えます。四、五歳以降、エディプス期以降に起こる「同性の親」への同一化は、この発達の基礎になると考えられています。

L男が私に対して抱く「異物」感を言葉にして伝え、同時に私の理解の一部分が「正しい」と認めて取り入れるようになると、父親やグループの他メンバーの無意識的な問題までをも正確に把握し、その把握した理解を言葉にして伝えること（象徴化能力）で、他者の問題解決に寄与できるようになりました。自己と他者がそれぞれ独立していて、お互いに侵食しない自他境界があって、そしてお互いに協力し合う世界（三次元世界）へと、L男の発達が進んだのだと考えます。

⚜

ここまで、L男の変化を中心に報告しましたが、他メンバーも各自の問題をこのコンバインド／コンジョイント・セラピーで変化させたのは、各メンバーの変化内容から推測して頂けるかと思います。このような無意識的な問題を、治療者が治療的に取り扱うための〝容器〟となる技法の実際を紹介しました。

次に報告するのは、治療中に治療者が〝もの思う〟夢想が、治療のどのような側面を明らかにするのか、を論じた治療例です。

集団心理療法では、治療者もグループの参加者の一人です。そしてグループにいる治療者は、個人心理療法で作業しているときよりも、みずからの〝夢想〟〔Freud,S., 1920, Bion,W.R., 1962a, 1962b, Ogden,T.H. 1994〕に入り込みやすいのです。

ここで言う〝夢想〟とは、「自由なもの思いに深く浸りながら、同時にそれに気づき、その意味を考える状態」のことで、共同治療者やメンバーたちが作業している治療作業の場にいながら、「臨床的に引きこもっている」時間をもち、みずからの〝夢想〟に入り込み、気づき、意味を考えることが、臨床の全体的な流れを妨げることなく比較的容易にできるのです。

そして集団療法での治療者の〝夢想〟が、治療者個人の内的活動や心的力動だけでなく、集団の活動や力動にも及ぶことが次に示す治療例には明らかで、この広い範囲に及ぶ治療者の〝夢想〟が得られるが故に、高い治療効果を生む可能性があると考えます。

第五章

夢想が明らかにしたもの

治療例3

「多様な病態水準で引きこもり症状を示す患者達のコンバインド・セラピー（Ⅰ）」〔手塚2007〕をもとに

【治療構造】

【治療例2】と同じ構造のグループで、四〜七人の参加者があり、四年間継続後に筆者の定年退職で終了した。全員が、当グループセラピー開始以前から、筆者による精神分析的個人心理療法を受けている。グループ治療者は、臨床心理士の筆者と共同治療者の二十代女性精神科医、そして訓練のために各三ヵ月間、心理学科大学院生が一名ずつ、複数がメンバーとして参加した。

【参加者】

Q子〔三十代〕診断名は、統合失調症性障害。

高校時、いじめを訴えて服薬自殺未遂し、精神科受診と二人の心理学者による個人心理療法を八年間続けた。不登校気味に高校・短大を卒えて就職したが、数ヵ所の職場を数日〜数ヵ月で辞めて、六年間、家に引きこもり、母親に暴力を振るうことがあった。筆者とのコンバインド・セラピー〔p.42〕に移行した際、『仕事をしたいが、いじめられるのでしたくない』『友達と話したいが、馬鹿にされるので会いたくない』など、迫害妄想による葛藤が目立った。Q子は当グループセラピーが二度目で、一度目は、前章の最初で紹介した、筆者が中断させたグループに参加していた。抗精神病薬服用。境界性パーソナリティ障害の特徴が目立つ。

R男〔二十代〕診断名は、適応障害。

大学三年時に急性内科疾患で入院した後、飛び級で大学院に進学したが、死に至る病気への不安が強まり登校できなくなった。祖父がR男と同時期に同病で同じ病院に入院し、死亡した。精神科診療で登校再開して、大学院の必要単位は取得したが、修士論文が書けずに半年間引きこもっている状態で、筆者の個人心理療法を開始、後にコンバインド・セラピーに移行した。幼少時より受動的態度が目立ち、親が多くを決める必要があった。「したいが、したくない」葛藤が強力で、社交が楽しめない。初期にときどき抗不安薬を服用。スキゾイド・パーソナリティ。

S子〔二十代〕診断名は、抑うつ性障害。

兄が小学生時から不登校、家庭内暴力を示して、両親のS子への世話、関心は不十分だった。その不満を反動形成〔p.47〕して優等生として生きてきた。就職試験に失敗後、倦怠感・嘔吐・めまい・閉所恐怖などが出現し、二年間引きこもっている状態で、筆者とのコンバインド・セラピーを開始した。初期に抗うつ薬を服用。

T男〔二十代〕診断名は、抑うつ性障害。

高校で同性に失恋後、八年間自室に引きこもっていたが、最近、出歩くようになって精神科を受診、筆者とのコンバインド・セラピーを開始した。母親と義父、本人は某宗教の信者で、「T男は特別な能力をもつ」という義父の言葉を重視している。第63回でコンバインド・セラピーを中断した。抗うつ薬を服用。自己愛パーソナリティ障害の特徴が目立つ。

第1回の最初に、【治療例2】で述べたように治療目的・治療構造を提示すると、すぐにQ子が『本音を言うことで相手が傷つく場合、それは暴力になるのか？』と筆者に尋ねた。筆者が《どう思うか》と返すと、Q子は床を見つめて黙った。すると筆者が、息づまる重苦しさを身体に感じたのと同時に、以前、別の集団心理療法に参加していたQ子が無意識に繰り返した言動の矛盾を他メンバーに指摘されて、グループでは一方的・表面的に謝罪を続け、個人療法では被害妄想を語って激怒したことを想起した。

一方、他メンバーは、S子が『今まで体験してこなかったので、傷ついても、後に生まれるものを見たい』、大学院生が『傷つくものが人によって違う』、R男が『傷つくとわかって言うのと、後でわかるのがある』と反応した。

するとＱ子が『前グループのメンバーと、そのグループ治療者でもあった先生［筆者］に攻撃されて腹を立てたが、客観的に見ることができるようになった』と言った。この発言によって、最初のＱ子の問いが、本音を言うのがＱ子なのか他者なのか、傷つくのは相手なのかＱ子なのか、傷つける者がＱ子なのか相手なのか筆者なのか、良いものなのか悪いものなのか、が曖昧な内容で、その当惑が沈黙を生んだように思えた。

するとＳ子が先の発言を繰り返し、Ｒ男は『自分が変な間違ったことを言った』と、Ｑ子への気持をみずからに置き換えて言い、遅刻して途中から話に参加したＴ男は『心配することはない。成り行きにまかせたらうまくいく』と簡単に保証して、Ｑ子が示した「境界を曖昧にした攻撃」から身を守ろうとしたようだった。

ボーダーラインおよび**自己愛パーソナリティ障害**患者の中心的な問題が、発育過程早期に強い「欲求不満」をもったために膨大な量の「破壊エネルギー」が潜在化して、そのエネルギーの取り扱いが難しいことにある、ということにほとんどの研究者が同意しています。

さらに、内在化された（【治療例２】で触れた「体内化－取り入れ－同一化の発達ライン」）良い対象と悪い対象を一人の人物（多くは母親）の両面であるとする（全体対象）能力がまだ育っていないので、「依存・接近エネルギー」の量で、敵意・攻撃エネルギーを中和する」力が育っていません。

これらの人たちが示す臨床像は、「衝動コントロールが非常に貧弱」／「受動的状態に固定される」のどちらか、あるいはこれら二極のあいだを不安定に揺れ動く状態、が特徴的です。私が感じた「重苦しさ」は、この不安定さを感じたのが原因のひとつだと思います。

筆者は、発達障害者がグループで椅子を振り上げた集団心理療法にQ子が参加していたことを瞬時に思い出していた。そうした記憶を辿ったり、「他メンバーが『刺す』と言ったのでグループが中断したこと、をQ子は知らない」とボンヤリ考えたりしていたところ、「このグループにも暴力の影がある」という、声かあるいは思念かわからないものが、割り込むように筆者の思考に現れ、自分が麻痺したようになっているのに気づいて驚いた。

同時に、重苦しさが消えて「安らかで甘美」な気持になったことにも気づき、〝暴力の影〟という思念との繋がりのなさに、戸惑った。このとき、Q子が『前グループで筆者に攻撃された』と言うのに心当たりがないことや、T男のいとも簡単な保証が「乱暴だ」と感じていることには、気づいていた。別の場面で、T男が筆者に『助けてください。みんな言葉が出ない』と、唐突ににこやかに話しかけたときも、筆者は引きこもったまま反応することができなかったが、そのときも「甘美な気持」があることに気づいていた。

グループには長い沈黙が頻発していて、筆者や共同治療者、大学院生は、身体のだるさや眠気に悩まされ続けた。それは暴力的と言ってよいほど強く、ある者は居眠りさせられた。このように治療者や訓練生として作業しにくい状態の筆者たちとは対照的に、初期に沈黙がちで閉眼や身動きが多かったR男を除くその他のグループメンバーには、身体のだるさや眠気が見られない点が、筆者の注意を引いた。彼らは家族や他者そして自分の「暴力」について活発に話し合い、一見、ワークグループ活動をおこなっているようだった。

この治療者や訓練生としての能力の放棄を強制され「自己愛的に眠りに引きこもる」現象は、Q子の問いが明示した、治療のために「深く広く語ると、相手を暴力的に傷つけるかもしれない」という葛藤状況を、治療者や訓練生としてどのように解決するのかを考えることから身体や行動の問題に置き換えて、無意識的に防衛したようだと現在は考えています。[☆1]

また、それは治療者たちに生じたこころの動きだけではないでしょう。Q子が「深く広く語って治癒に至りたいけれど、傷つけるあるいは傷つけられるのは嫌だ」という葛藤、「深く広く語ると攻撃される」という精神病様不安を、抱えて考えられなくなった結果、治療者や学生にその葛藤や不安を無意識的に投げ込む投影同一化をおこなった、とも考えられます。そして、そうすることでQ子はその葛藤や怯えを感じなくなり、活発に暴力について語れたのだ、と考えることも可能です。その場合は、その葛藤を投げ込まれた治療者や学生が、「怯え」や「麻痺」を自分のものと感じて引きこもることになります。

☆5-1 「甘美な気持」は、〃暴力の影〃を理由に治療者役割から逃避できる、と合理化*する快感だったのでしょう。

学生の訓練者でもある私は、このような治療状況で訓練生に生じている心的状況に触れたいのですが、グループは治療の為におこなわれているのですから、触れることにためらいがありました。R男と訓練生がよく似た心的状態にあるようですが、このグループ部分だけを取り上げると、その他のグループメンバー部分がスプリット〔p.11〕されてしまう不安が私にありました。もちろん、グループ終了後のポスト・セッションでは、訓練生に対してこれらの集団力動に触れますが、なにしろ無意識領域の心的活動ですから、それが生じていない場での指摘は、訓練生にとって知的理解にはなっても、生き生きした実感からは遠くなります。☆2

☆5-2 そこで、訓練生がグループでの自分自身の無意識的・力動的なこころの動きの生き生

*合理化　p.52参照

きとした体験をその場で指摘され、実感して理解することで、集団療法治療者としてより良く機能できるようになるために、訓練生がメンバーになる「訓練グループ」が用意されています。

日本集団精神療法学会では、毎年大会中に、数セッションですが、訓練グループが開催されますし、L・ホーウィッツの著作『第四の耳で聴く』〔Horwitz,L., 2014〕には、メニンガー・クリニック*での、数日間あるいは一年間にわたっておこなわれる集団精神・心理療法訓練生の「訓練グループ」の実際が述べられていて、とても興味深く示唆に富む内容に触れることができます。

私も、長年メニンガー・クリニックで医師として働き、退職後に日本の専門家を育成するために帰国された高橋哲郎先生の、週一回一年間継続する専門家訓練グループと、一、二日間で数回おこなわれる短期の専門家訓練グループを複数回、受講しました。

ところで、R男を除くメンバーたちが話している自他の暴力の話の内容は、Q子の前グループについての話のように、客観的事実が曖昧で「傷つけられた自己愛を回復させるための、自己愛的な話」と思える内容が多く、治療者たちやR男には、「この本音を言うと、話した人に暴力的だと受けとられるかもしれない。言ってもいいだろうか?」という葛藤が生じていました。

それもあって治療者らはいっそう、身体化**や引きこもる行動化に陥り、一見、ワークグループメンバーの作業に治療作業を**依存**する、基底的想定文化にいたようでした。☆3 一方、自他の暴力について話し合うワークグループのような活動をおこなっている他メンバーたちも、その活動内容は「偽りの成熟」〔p.53〕活動であって、自分たちの葛藤を、葛

*メンニンガー・クリニック　精神力動的な考え方を活用して入院患者の治療モデルとする、米国の病院。精神分析的に方向づけられた病院の先駆けとなった。

**身体化　心因性に身体諸器官に「機能的」あるいは「器質的」な障害をきたすこと。

藤に敏感になっているR男や治療者たちメンバーに投げ込み、無能化させる投影同一化をおこなって、自分たちはその葛藤から自由になったと考えてみることもできます。このようなグループの無意識的な動きが集団力動ですね。

☆5-3

ビオン〔1961〕はクライン派の分析概念を集団精神療法に応用して、集約された理論的定式化を示しました。集団は、精神機能の最早期の段階〈分裂-妄想ポジション〉*にまで退行することがあって、そうなると、精神病的な不安やスプリッティング、投影同一化など原始的な防衛が活性化されるので、それを更に防衛しようとするのが《基底的想定》グループなのだ、と述べます。

またビオンは、「言葉のやり取りはワークグループの機能である。グループが基底的想定グループになっていけばいくほど、言葉のやりとりを合理的に用いることが少なくなる」として、クライン〔1935〕の議論を引用して次のようにも述べます――「言葉の象徴形成能力が停止してしまった状態とは、グループのコミュニケーションが、例えば短い間投詞、長い沈黙、退屈からの欠伸、不快そうな身動きなどの非言語的なものになった状態に当てはまる」と。

これまで述べてきたこのグループのこの時期のR男や治療者たちの心身の状態は、まさしく「言葉を象徴形成する能力が停止した」状態でした。

このように重苦しい交流がつづいているグループ活動のなかにいる筆者の夢想に、時おり「このグループにも暴力の影がある」という声あるいは思念がグイッと暴力的に

＊妄想-分裂ポジション　p.11参照

入り込むことが続いて、次第に筆者は、それが出現する原因を観察しはじめた。

　そして、〝暴力の影〟という声あるいは思念が、言葉のやりとりをしている一見ワークグループの話から生じること、その話は、話し手が暴力を受けているようにも、あるいは暴力を加えているようにも聞こえること、主語と目的語が瞬時に置き換わり、誰が誰に何をしたのかが曖昧な話であること、などを感じたときに現れるのに気づいた。

　そして事態の主語や、暴力をおこなった者／受けた者が置き換わる話に注意を集中させていると、暴力的な家族や他者に対するメンバーの怒りの話は、「今ここ」で治療者機能を失っている治療者へのメンバーの怒りが、家族に転移されて話されているのではないか、と思われ始めた。そこで筆者は、引きこもりから意識的に身を引き離そうと努め、治療者として〝暴力の影〟に介入しようと、強く意識し始めた。☆4

☆5-4　このようにして私の治療者機能が回復するまで、過去に家庭内の問題を優等生になってケアしてきたS子が、グループでも「治療者の助手」*になってメンバーのケアをするようになっていました。

　これらの交錯した交流を整理すると、前グループ体験を語ったQ子の話や、一見、言葉を使うワークグループをおこなっているようでもあるメンバーたちの話は、主語と目的語が瞬時に置き換わる内容でした。しかし、それに気づいたR男や治療者たちが気づ

*治療者の助手　治療する側に身を置くことで、自分自身が問題を有することを否認する「置き換え防衛機制」を使っている状態。

いたままに『置き換わるのはおかしい』と本音を言うと、前グループで『傷ついた』と言ったQ子やワークしているメンバーを傷つけそうだと葛藤し、R男や治療者らは「言葉の象徴能力を停止」させて、**依存**グループに属するという防衛をはたらかせた結果、「長い沈黙、欠伸、不快そうな身動き」を示していると言えるようです。

もう一度、〈投影〉と〈投影同一化〉の定義を見ておこうと思います。

投影は「自分のなかにある衝動・願望・感情・態度などを自分のものとして受け入れ難い場合に、これらを外在化し、外界や他者に属するものとして認識すること」と定義されます。また投影同一化は「投影された恐れ・絶望・怒り・軽蔑などの情緒は投影した主体によって体験されず、投影された受け手によって体験されて影響されること」と定義されています。

現実世界を空想や妄想の思念世界に無意識的に変えるコミュニケーションがおこなわれていて、前述のグループ状況は、投影や投影同一化が強力に生じているためだと考えます。[☆5]

[☆5-5]

ビオンは技法に関して、〈投影同一化〉の対象にされていることに気づく判断基準を定義しました。それは「情緒的な体験をしているなかで、一時的に洞察が失われ、その体験の性質の正当性は疑いのないものと思えるのだが、後になって『自分は他人の空想に支配されていた』という洞察や感じをもつ」〔1961〕というものです。

私の〃暴力の影〃の声あるいは思念の体験も、明らかに、この判断基準定義に当てはまる体験でした。それは私に生じた逆転移*なのですが、私固有の心情というより、このグループの活動状況の影響をグループメンバーが受け止められず、〈投影同一化〉でその影響を治療者らに投げ込んで、自分たちは影響を受けないようにと防衛していたのでした。そのなかにいて私は、過去のグループ内容やコンバインドされている個人治療の内容を深く夢想する状態で、上記の集団力動を「暴力の影」という言葉に象徴形成させて、「私がその意味を考えるように」と促された、治療に資する逆転移だったと考えます。

その後、**つがい**〔p.13〕になったQ子とT男は、自分たちに経験がない家庭教師の話を執拗にS子に尋ねて語らせたあと、次の回でQ子が前置きなくS子に『あなたが嫌いだとパシッと言われるのと、陰でコソコソ言われるのと、どちらがいい？　私はパシッと言われるのがいい』と問いかけた。S子が『パシッと言われたい』と応じると、Q子は笑顔で『そうですね』と言ったが、そのあとは無表情になって黙りこんだ。

筆者はQ子の、S子に対する激しい怒りと、それを分裂排除する防衛の動きを感じて、Q子の問いの意味合いに介入すると、Q子は「高校時代に『友人がQ子から離れた』と勘でわかった」という内容の長い話をした。怒りが友人にあるのかQ子にあるのか、怒りなのか寂しさなのかが曖昧な、二者や二つの感情が融合した内容で、筆者はこの過去の友人の話は、現在のQ子がS子にもつ感情ではないのかと解釈した。が、家庭教師の件でQ子がS子にもった劣等感には、結びつけられなかった。筆者が扱え

*逆転移　患者に対する治療者の感情や態度全般。

なかったこの劣等感は、その後のQ子の個人治療のなかではっきりとその姿を現すことになる。

一方S子は、Q子と友人の話を聞いて、「不登校で家庭内暴力の兄の暴力から、母が自分を守ってくれなかった」怒りを想起した。このS子の過去の母への怒りの話は、現在のQ子の暴力的な話や関わりからS子を守らない、治療者である筆者への怒りを転移していると解釈できるだろう。


このあとの個人治療でQ子は、『国立大卒のS子〔事実ではない〕とR男〔事実〕が、短大卒の私を馬鹿にした』と唐突に激しい怒りを語り、筆者は〝暴力の影〟がいよいよその姿を現したと思った。そこで筆者は《S子はQ子らに問われて家庭教師経験の実際をただ語っただけだが、S子と合体してS子のもつ能力を自分のものにしたいQ子の願望空想と、異なる他者としてのS子が持つ能力へのQ子の現実の嫉妬が、迫害妄想となって噴出したようだ》と、個人療法でQ子に解釈した。するとQ子は、失恋した恋人の相手がS子に似ていたことを想起し、その後のグループで突然『S子に嫉妬心がある』とだけ告白して謝罪し、戸惑ったS子は黙り込む「暴力的な」体験になった。

Q子は『嫉妬を話したので、グループで嫌に思われていじめられる。除け者にしないで欲しい』とグループに頼み込んだが、以後もこのような一方的なコミュニケーションを続け、するとS子が、Q子の不可解な言動に対して筆者がしたような明確化やさらには助言を始めて、治療者であるかのようなケアをおこなうようになった。この

S子のケアは、母との葛藤を語りながら『自分には問題がない』と言うR男にも向けられたが、この二人に変化が生じないと、明晰だったS子の話し方が一転して、Q子とよく似た長く曖昧な話をするようになった。するとQ子から『わからない話だ』、R男から『核心を逸らした曖昧な話だ』と正確に評されて、S子は非常に驚いた。

S子がグループで機能していない治療者を感じて「治療者の助手」を志すのは、兄の家庭内暴力に対処できない親にS子が「優等生」になって助けた行動と同じなのでしょう。それが首尾よくいかないと、（【治療例2】でM子がL男とN子の《闘争‐逃避》状況に調整を試みて、無効な結果に迂遠な話を始めたのと同様に）治療者らが陥っている「言葉の象徴能力を停止」している状態にS子も陥って、明晰さを失い、一見ワークグループのQ子やT男が話しているような曖昧で主語と目的語が置き換わる話を始めました。この類似性には、無意識的で普遍的な強力な何かがはたらいていると思うしかありません。

この頃までにQ子とR男は、他者の問題（ここではS子の曖昧な話）には現実的で歪みがない判断ができるようになっていたようだ。

また、攻撃するQ子やR男をS子がケアするのは、家庭内暴力の兄への過去のS子の反応を転移したものだが、そのケアがうまくいかないと、過去には兄と両親への不満をS子が彼らとは真反対の「優等生になる」反動形成で表して、相手や自分の真の願望から距離を置いたのとは異なり、今はS子が「攻撃者と同一化」するという心理的退行を示して、相手に接近するやり方を示し始めていると解釈できる。事実、この頃のS子の個人療法で、S子は、過去と現在の自分の怒りを家族に表出したと話し、「身体症状にはこの怒りの気持が関係するようだ」と自覚し始めたのだった。

このあとにR男が、他者の世話をしても報われない「気の毒な」S子を「理解したい」とグループで伝える接近を示した。筆者は、これまでにQ子が、このR男のS子への関心を感じていて、二人が接近する予感に嫉妬したための「馬鹿にされた」迫害妄想だったのかもしれない、と思った。そして受動性が目立ったR男のS子へのこの能動的接近行動は、それが表明された直後に、S子に関心をもっていたT男とQ子がS子の元彼について質問し続けて、S子がそれに気をとられている間に見失われてしまった。

R男は、二人にされるがままのS子に『同じ経験をした者にしか理解されない、と思うのか』と問いかけ、S子は肯定した。筆者は《S子は「同じ経験をしたもう一人のS子を求めている」と言っている》と指摘して、他者との差異に耐え難いS子の孤独に触れた。その次の回にS子は『「同じ経験をしていないのでわからない」というR

男の発言に腹が立つ』と、主客を逆転させて怒り、R男は沈黙状態に戻った。[☆6]

[☆5-6]
自己愛パーソナリティ者は、本来は同じ内的問題を有する一方で、外的には、「あからさまな症状」か「目につかない症状」かのどちらかを病理として示すようだ、という点において多くの研究者の合意があります。
ギャバードが述べる「黙って観察する役割を採る、過度に警戒的な」傾向がR男に顕著で、この態度の奥には「誇大で理想化された自己が視界から注意深く隠されている」とされています〔Gabbard, G.O., 1989〕。この受動的で抑制的な傾向は、発達早期の段階でその人が目の当たりにした敵意の応酬のなか、攻撃者と犠牲者の両方を我が事のように感じて、自分をその両方に同一化させた結果なのではないか、と仮説されています。

グループ活動がさらに進展していくにつれて、いつの間にか筆者の〝暴力の影〟という声あるいは思念の生起が消失した。筆者は長く頻回に続くグループの沈黙に対して、《グループの頻回の沈黙と全員の問題である引きこもり行動は、いまグループ内に現れているような混沌とした他者との関わりから逃避しかつ依存する形だったのだろうか？》と解釈したが、それは筆者自身が「葛藤に向き合えず、**依存**基底的想定に甘美に逃避していた」と考える体験を、グループに帰納して生成した解釈であった。この解釈に対して全員のメンバーが深く頷き、各々の自他の関係に思いを至らせる作業を続けることになった。[☆7]

☆5-7 以上はこのグループの「初期」集団力動の報告です。さらに参加者が増えて進展したグループ活動、集団力動の実際については、手塚論文〔2007, 2010, 2012, 2013〕をご参照いただきたいと思います。

【グループメンバーの予後】

グループの無意識的な葛藤や願望を**スポークスパーソン**として病理的に明示し続けたQ子は、グループでS子からのケアを受けて、S子への両価的*な感情を個人・集団セラピー場面で爆発させながらもケアを受け入れた後、グループに参加した新メンバーに対して、S子をそっくり取り入れたケアラーになった。その不自然さもあって紆余曲折はあったが、結局、メンバーに役だつケアをおこなえて評価される経験をした。グループ終了後は、投薬治療を続けながらアルバイト勤務を始め、継続している。

R男は子どもの頃から、何事に対しても極端に受動的で、親が代わって決める必要があったが、グループ葛藤を投影同一化されるままに**スケープゴート**になった後、グループの他者を世話して報われない「気の毒な」S子に関心を寄せ、「理解したい」と伝える能動的な接近を試みた。しかしそれが、Q子やT男の妨害にあって果たせず、願望や欲求、それを妨害される怒りなどの感情を生き生きと体験した後、この間に肉親を亡くしたS子の悲しみや失意に、適切な言葉で弔意を伝えて感謝される体験や、大学院の会議で初めて意見を述べて、受け入れられる経験をした。

＊**両価的（アンビバレンス）** 同一の対象に相反する心的傾向・心的態度が同時に存在すること。愛と憎しみの共存を表すことが多い。

グループ終了直前には、腹痛や希死念慮など身体化・症状化が生じたが、グループとの分離不安、グループ喪失の悲哀を筆者が解釈しても受け入れず、グループ最終回で『目標をもって参加しなかったので、何も得なかった』と、グループ体験を価値下げて怒りを表した。しかしこれらの感情体験が、自己愛的に超然としたスキゾイド・パーソナリティに、緩みを生じさせた。グループセラピー中に修士課程を修了、博士課程に進学して学内会社に入社していたが、グループ終了後も続いた個人セラピーを終了時に一般会社に就職した。

S子は優等生部分を残しながら、不機嫌で要求がましい自己愛的自己をグループで表し、それをグループに受けとめられる体験を経て、グループ終了後に家業に就いた。

T男は自分自身を非常に特別な人物として考え、特別な配慮、他者が得られない特権を得られる者だとしていた。その特権の理由は、義父の「T男は特別な存在」という言葉によるが、人生の初期に剥奪された故に今はどんな人よりも多い分け前を受ける資格を与えられている、と感じる自己愛パーソナリティの故でもあった。第63回で当治療を中断したが、家族で入信する宗教の、それまで避けていた青年活動に参加し始めた。

【治療例2・3】のコンジョイント／コンバインド・セラピー〔p.42〕は、L男やQ子に対しては、[☆8]他者の内面を適切に理解する関わりをもって、かつ自分を見失うことがない、「三次元性」世界に発達を進めるのを助けました。

L男やQ子は、痛ましいまでに損傷した自己感覚を有していました。彼らが自分自身を「愛しまた愛される人物」として見ることは、「発達最早期にニードが満たされなかった故に、今は自分の欲しいままにニードがかなえられるはずだ」と求める資格を持つと感じる特権を剥奪される不安、激しい羨望、感謝の欠如、そして強い報復願望の感情によって、絶えまなく叩き潰されていました。

それゆえL男とQ子は、他者との関係のなかで自分自身について持つ良い感じが非常に不安定でしたし、自尊心がまったく脆弱でした。その傾向を弱める一助になったのは、L男やQ子がグループで果たした貢献、改善に向けた努力、そして現実に達成し得たことに対する、グループの仲間からの肯定的反応でした。[☆9]さらにいっそう支えとなったのは、彼らが「自分は他の人の生活のなかの重要人物になった」という実感をもったことで、「自分の存在が普通に望まれ、自分の寄与の価値を認められて、自分が他者に援助を提供することができる存在として成長した」と体験したことでした。

☆5-8 ギャバードが「自分の行動が他者に及ぼすかもしれない影響をほとんど理解せず、注目や賞讃を求める自分自身のニードを満足させることに熱心で、防衛的に攻撃的、鈍感な自己愛者」〔Gabbard,G.O., 1989〕と述べた、あからさまな自己愛パーソナリティタイプに当てはまるでしょう。

☆5-9

L男やQ子のようないわゆるやっかいな患者が、実際にはグループの他のメンバーに恩恵をもたらすかもしれないという意見があります。

シールズは「グループのなかで断固として要求する人びとが、従順な、行儀のよいメンバーの手本になるかもしれない」という鋭い観察をしています〔Shields,J., 2000〕。礼儀正しいとは言えないやり方で、原初的な〝本当の自己〟で強固に自己を表す患者は、「自分自身の受け入れがたい部分」を露わにすることに躊躇を感じるメンバーにとっては、自分を主張するモデルとして役に立つのかもしれません。

一方、反対側の極にいる「過度に警戒的で受動的・抑制的な」**自己愛パーソナリティ**者のR男や、「世話の優等生」であるために自分を世話することをあきらめてきたS子に対して、グループは「統制を解除する」体験を用意したようです。怒りを直面化することや攻撃や反撃することを抑制していたR男やS子は、グループ内での他メンバーの敵意の応酬が、攻撃者と犠牲者のどちらにも永続的ダメージを被らせることなく非常に多く生じるのを観察した結果、他の人たちに向かって怒りや攻撃・反撃を表すのを自分自身に許し始めました。☆10

☆5-10

日本の文化において、「集団主義*から外れることで集団への忠誠心を疑われることになるのを恐れて、グループへの怒りや陰性感情に目を向けることを特有に避けること」に、私は以前から注目していました。【治療例2】において、「批判を避けることで真実を価値下げている」と私が介入したことでグループが大きく劇的に変化し始めましたが、これは日本人の「集団主義」に介入した例です。この点について、この後に「改題」としてさらに考えを深めたいと思います。

＊**集団主義**　「日本には、人が『生まれた瞬間から強く凝集性の高いサブグループに組み込まれ、人生を通してこのサブグループへの疑うことを知らない忠誠心を持つのと引き換えに、そのグループが守ってくれる』という社会文化、集団主義がある」〔Hofstede, 1991〕。

T男は、**自己愛パーソナリティ**のあり様の両極〔pp.71-72〕のあいだを揺れ動く人だったようです。

母親を支える役割を担った子ども時代や、義父に「T男は特別な存在」と評された誇大化した自己と、引きこもるきっかけになった同性への失恋、S子への好意が報われない現実、家族内にある宗教観への依存心と反発心、**つがい**基底的想定を形成したQ子への仲間意識と受け入れ難い部分……。これらが統合されるに至らないままコンバインド・セラピーを中断しましたが、その後に見られた、これまで避けてきた宗教仲間への接近は、ここまでのセラピーメンバーとの体験が影響しているのかもしれません。

改題
日本文化と集団力動——そこから脱け出る能力

日本における集団精神療法の歴史について、小谷〔2014〕は、日本の臨床家が難なく欧米の大集団手法（例えばtherapeutic community）を入院患者に対して取り入れたものの、集団のなかの個人、そして集団を通して個人を治療するという観点から集団精神療法を用いることは避けている、と指摘しています。

この理由を鈴木と斉藤〔1995〕は、日本では社会のなかにいる患者の個別性に焦点化するいかなる介入も、集団主義*に埋め込まれることへの明らかな対抗とみなされる、という文化的なバイアスの反映であると示唆しました。そして似たような理由で、日本ではC・ロジャースやC・G・ユングなどのより侵入的でない個人心理療法が、S・フロイトの「深層に迫ろうとする」**精神内的**な手法よりも好まれたのだ、と見る向きも多いとも述べています。

私の体験ですが、第三五回日本集団精神療法学会で「HIV感染男性患者達のグループ・ワーク——「自己愛」を巡って」〔手塚・安尾 2017〕を発表した際に、集団体験を「母親

*集団主義　p.87参照

に抱えられる」体験と類似のものに置き、侵襲性を軽微にさせる手法で、長年にわたって統合失調症の集団心理療法を実施している野島一彦氏〔Nojima et al, 2001〕から、「困難な状況にある感染者に対しては母性的対応がふさわしく、（より深層に迫ろうとする精神内的な介入手法である）明確化・直面化などの手法は、父性的にすぎるのではないか」と示唆を受けました。

日本での一般的な考え方、方向性を代表して端的に示唆されたと思いましたが、その場で私たちの手法を次のように説明したことを思いだします――「ＨＩＶ感染患者には公費でカウンセリングが提供され、そのカウンセリングの手法の多くが母性的に支持するものであること、ＨＩＶ感染症が慢性疾患であるが故に、当集団療法参加者も四〜十年以上にわたって安尾から支持的な個人カウンセリングを受けてきたが、それでもなお今回、集団療法に参加しようと思うような〝生きづらさ〟を感じていること、参加者は父性にもある愛を感じているようだ」と。

この説明に加えて、当集団療法が安尾の個人カウンセリングとのコンバインド・セラピーの形式でおこなわれたことは、グループメンバーになることに伴って必然的に起こるストレスに[☆11]、より深層に迫ろうとする精神内的で「父性的」な明確化・直面化の介入手法を受けるストレスがさらに加わること、に耐えるのを助ける付属治療の支持と緩衝効果を備えていたことが、当治療の支持的側面であると思います。

☆5-11

それは、「グループの時間や関心をメンバー間で分かち合う必要性がある」ことや、「一人あるいは複数の仲間・治療者から批判されて自己愛が傷つく可能性がある」こと、「グループ状況が病理的なその人の要求がましさを目立たせて、『その要求を減らすように』とグループから決まって圧力をかけられるので、自己愛が傷つく」こと、などのストレスです。

第六章

“中断すること”によって明示されたこころ

治療例4

「HIV感染男性患者達のグループ・ワーク――「自己愛」を巡って」〔手塚・安屋 2017〕をもとに

前章の末尾で紹介した集団療法が、実際にはどのような経過を示したのでしょうか。

初回にα男・U男・V男が参加して開始され、順次、W男・X男・Y男・Z男が参加して計一六七回おこなわれた後、治療者の都合で終了した。

当治療の目的（HIV感染が共通するメンバーの、各個人カウンセリング目的を更に進めるため）と治療構造（曜日・時間とともに、他言や集団外のつきあい、暴力を禁止すること、他者に配慮しながら深く広く気持を言葉にして語ること、という教示を含む）を、【治療例2・3】と同様、初回と新参加者が加わる度に伝えたが、結局、グループの前半から中盤まで、全員が、自分がもつ問題や個人カウンセリング目的をグループで明らかにしなかった。

なお、参加者は全員社会人で、集団療法当時、U男・X男は職場不適応やうつ状態で休職中、Z男は休職を繰り返して失業中で、α男・V男・W男・Y男が就労していた。

実際のグループ活動は、初回に呼称をニックネームにすると決め、感染者の世界は狭くて匿名性を保つのが難しいので、個人情報を明かすには不安が強い、と説明された。守秘義務やグループ外の付き合いの禁止を定めたグループルールに身を委ねられないほど不安が強い、という主張である。

後で参加したW男・Y男・Z男は本名を名乗ったが、この三人も、自分の問題や個人カウンセリング目的は、グループ最後半まで話すことはなかった。グループおよび個人カウンセリングの治療者である安尾は、各自の問題や目的について知っていたが、メンバー自身がグループで語る「みずからに関する内容」だけをグループで話し合うことにして、治療者からは、メンバーに関する情報をグループで話さないことにした。

このように、参加した各人の具体的な問題やカウンセリング目的がグループの他メンバーや筆者に共有されないまま、集団療法がおこなわれることになった。それもあってか、実際のグループでは相互にズレた会話が多発した。真の交流は、グループから中断メンバーが去り、α男・V男・Y男の三人（α男は、初回のみの参加で以後は欠席し、しかし「やめる」と言わないメンバーで、実質はV男・Y男の二人）でおこなわれた最後半まで生まれなかった。

グループでは、非常に表面的な社交辞令や、長時間の独占的で一方的・強力な自己主張、あるいは、沈黙している引きこもりが長く蔓延して、交流すればするほどに、憤

怒りや無力感が優勢になっていった。[☆1]

> [☆6-1] これらの感情は、第四の基底的想定文化であるという〔Hopper,E., 2003〕**非凝集***が活発になることで防衛されました。

この集団療法の一六七回のあいだの、さまざまな「憤怒」を振り返っておこうと思う。

第14回で、途中参加のW男が『HIV感染を許さない妻が怒らないようにする方法を教えてもらえる、と思ってこの集団療法に参加した。教えてもらえないなら参加する意味がない。自分を変える気はない』。

第22回で、途中参加のX男が『集団療法での話し合いで（以前からある心因性の）てんかん様発作が起こりそうなので、やめる。発作が起こる心理的要因を探索する気はない』。

第52回で、初回から参加のU男が『治療者が怒っている』と繰り返し主張して怒り、『実際に怒っているのはU男自身だ』と投影防衛機制を指摘されて、真顔になったものの、それ以上検討することを拒んで、『グループをやめる』。

第92回で、途中参加のZ男が、治療者の《母や姉の行動だけを話して、Z男自身の気持について話さないのは、周りに二人が酷い人だと思わせたい？》の明確化にムッとして、『頻回に生じる自分の体調不良が、《明確化する治療者への不満・怒りから生じる？》と治療者に言われるのは、メンタルが理由だと言われているわけで、それに

***非凝集**　ホッパーは凝集性*cohesion*を、少なくとも三人以上の人々が共通の目標に向かう類似した役割の範疇で、調和して仕事をすることを可能にする感情と、目標が一致している体験を意味する〔Hartmann,J.J., 1981〕としている。したがって《非凝集》は、「共通の目標、類似した役割・感情と目標が一致している体験」が失われている集団であることを意味する。

は納得がいかないからグループをやめる』と言って、この四人は集団療法を中断した。最後まで参加したV男とY男は、結果として「自分自身が真に望んだものが何であるのか」を知る作業を集団療法で為したことに満足して、グループを終了した。初回のみ参加して以後を欠席し続け、しかし「やめる」とも表明しないα男というメンバーもいた。

グループを中断したあと、X男とZ男、欠席を続けたα男は、個人カウンセリングを続けたが、U男・W男は個人カウンセリングもやめた。


この経過は、野島氏が示唆したように、深層に迫るための精神内的な手法である、明確化・直面化・解釈が彼らには技法的に不適当だった故でしょうか。

まずは、メンバーの特性をとらえておきましょう。

「独占する特別な資格がある」あるいは「他者がすべて自分を心地よくさせるはず」と考える、あからさまなタイプの**自己愛パーソナリティ**が、U男、V男、X男、Z男にありました。「過度に警戒的」で受動的・抑制的なものの、その態度の奥には誇大で理想化された自己が視界から注意深く隠されているタイプの**自己愛パーソナリティ**が、W男にありました。依存性パーソナリティが、Y男に顕著でした。

次に、彼らの集団療法を中断する理由を振り返ってみましょう。
「自分を変えるつもりはなく、配偶者を変えたい」――問題は他者にある。「体調不良の原因を考えるつもりはない」――疾病利得（こころの問題を身体症状の問題に置き換えることで、他者から症状治療の援助を得て、こころの安らぎを獲得する）を持ち続けたい。「諸悪の源は他者である」――他責で自責を否認する。「自分の怒りを他者の怒りだと置き換える投影防衛機制の使用にしがみつく」――真実を否認する。こうした態度は、ビオンの《基底的想定》集団について解説した次の言葉〔Rioch,M., 1970〕で説明できると思います。

基底的想定集団は「体験によって学ぶことに対する憎しみ」を反映し、この憎しみは「まだ準備できていないと感じる」情緒的体験に対するメンバーの恐怖から生まれる。この集団心性が基づく願望は「学ぶ必要がなく、あるいは発達もしないで」成熟した大人になりたい、というもので、未熟さが人間的状態の避けられない部分だという事実、成熟していく過程で知らないという感覚や混乱の感覚、無力であるという感覚を持ちこたえる必要があるという事実、を憎み恐れる。

このありようを私は、このグループにいるあいだ、よく感じました。
彼らは《基底的想定》の幻想にいる集団のメンバーであり続けることを強く望んでいて、ワークグループ〔p.18〕に変わることで「現実的・客観的思考や吟味が可能な」成熟した状態になるのを憎み、恐れているように感じたのです。

そして、彼らがこの集団療法を中断する理由として表明したのが、彼ら自身にもそれまで明らかでなかった自分の気持だったようです。つまり、『自分を変えるつもりはない』は「体験によって学ぶことに対する憎しみ」を明らかにし、『体調不良の原因を考えるつもりはない』は「まだ準備できていないと感じる」情緒的体験に対する恐怖を語っていて、そして『諸悪の源は他者である』『自分の怒りを他者の怒りだと置き換える投影防衛機制の使用にしがみつく』のは、自分は「学ぶ必要がなく、あるいは発達もしないで」成熟した大人になりたい願望を見事に表現していると思うのです。それらは、深層に迫る精神内的な手法が用いられたが故に、彼ら自身によって気づかれて、語られたのでした。

その結果、『そのありようが、周囲から孤立させるのではないか』とか、『孤独な人生を送る道に進ませる可能性が高いのではないか』などと、Y男や治療者から指摘されました。そして、他のメンバーは沈黙しているなかで、中断者はこの指摘をグループで考えることを拒否して、やめていきました。

それまでは無意識だった自分の考えを自分の言葉で明言し、それに気づかせた治療者に向けてはっきりと「怒り」を表出し、しかしながらY男や治療者からは上記の心配や、「グループに残って欲しい」「関係を続けよう」と伝えられる体験をもったことには、重要な意義があると私は考えています。

自分が置かれた環境のなかで幸せに生きるためには大きな障害となりかねない無意識的心情を、集団療法を中断する理由としてではありますが、彼らは、混沌とした思いの中から抽出して意識化・言語化したのです。集団療法の中断によって、このような自分の生き方を自覚的に変更するかあるいは持続させるかは、今後の彼ら自身に委ねられることになりましたが、まずは問題を意識化することが、変化の端緒として非常に重要であるので、その意味において、深層に迫る父性的・精神内的手法は彼らに必要だった、と私は考えています。

ビオンは《基底的想定》について、こう述べています。

思考や体験から学びそして成長することに「希望がないまま委託されている」状態で、この委託こそ「人間の最も強力なニード、すなわち真実へのニード」なのだ。

彼らが意識化・言語化した、それまでは無意識だった彼ら自身の心情が、基底的想定にいるなかの彼らに「希望がないままに委託」されました。この委託こそが「人間の最も強力なニード、すなわち真実へのニード」なのだというビオンの言葉を彼らが体現して、みずからの**真実のニード**を充足させる道を歩むことを祈るばかりです。

終章

自己障害患者にどう関わるか

これまで何度もＷ・ビオンの論説を引用してきましたが、それは、彼が私たちの人生における最早期のこころの状態を詳細にして明解に述べているからです。翻ってビオンの引用が多いということからは、本書に提示した臨床例がすべて最早期に固着あるいは退行している状態の人たちの治療だった、と言えると思います。

自己の発達にかかわる苦しみ

L・ホーウィッツ〔2014〕は、自己の欠陥 *defects of the self* に関連したさまざまな症状に苦しむ患者の多くが、ボーダーライン患者か自己愛患者だと述べています。

彼らの多くが「時間や関心に対して、魔術的解決に対して、そして愛情を真に迫って表すことに対して、強いニーズをもち」「基本的に〝良い母親〟を絶え間なく探し求めている」とされるのは、最早期のこころの状態に固着あるいは退行しているからでしょう。患者が自分自身を非常に特別な人物として考える範囲で、その人は特別な配慮や、他者が得られない特権の受領者であり、そして人生の初期に剥奪されたときからずっと、自分がその他のすべての人よりも多い分け前を受ける資格を与えられている、と感じているようです。

これらの患者をひとまとめにして考えるのは、彼らがともに重篤な「同一性障害」を抱え、そして、健康なまとまりをもつ〔自己 *self*〕の発達に歪みがあることに苦しんでいるのみならず、彼らの病理的な葛藤、ニーズそして防衛に関してかなり共通点があるので、理にかなったことだとホーウィッツは言います。

《自己の欠陥》のカテゴリーには、自尊心が損傷している、極度に困窮している、衝動コントロールが困難である、他者から引きこもりがちである、といった多種多様な心理的・行動的な欠損 *deficits* が含まれていて、本書で紹介した【治療例２・３・４】の患者たちのすべてが多かれ少なかれこの特徴を有していました。

このような患者たちは「個人精神療法であれ集団精神療法であれ、入院治療であれ外来治療であれ、どんな治療状況でも困難を示す」という合意を全臨床家がもっている、とホーウィッツは言います。事実、本書での患者たちも、数年から数十年の治療歴を持ちながら、当コンバインド／コンジョイント・セラピー〔p.42〕に参加しました。

新しい自分を試みるために

ホーウィッツは、グループでは「他者と接近するあるいは距離を置くことが、自分で調整できる」こと、「転移が薄まりがちである」こと、「現実感や現実吟味力などの自我機能の強化が優れている」こと、そして「複数の他者の存在が対象渇望ニーズを満たす」こと、が理由で、集団精神療法が自己の欠陥に苦しむ患者に選ばれるべき治療法だと強調しています。

さらに彼は、集団療法に個人療法がコンバインド〔p.42〕されると、多くの場合、**自己愛**

性の病理にとって最適の治療法になる、と確信しています。それは、同時並行治療（コンバインド／コンジョイント・セラピー）における個人療法が、グループメンバーであることに伴って必然的に起こるストレスに、[☆1] 耐えるのを助けるからです。

☆7-1 たとえば、●グループの時間・関心をメンバー同士で分かち合う必要があるので、特別扱いを受ける権利感覚が奪われる。●一人あるいは複数の仲間から批判されて自己愛が傷つく可能性がある。●グループ状況が病理的なその人の要求がましさを目立たせて、決まってグループから「要求を減らすように」と圧力をかけられて、自己愛が傷つく。

ところで、グループで「接近と距離が調整できる」といわれるのは、患者が積極的かつ熱心に参加することも、より受身的な観察者の役割のなかに引きこもることも、グループではどちらも認められていて、この距離のもち方が、**ボーダーライン患者**や**自己愛患者**の助けになるということなのです。[☆2]

情緒的に不安定なボーダーライン患者は、自分自身や他者について非常に歪んだ見方をしがちで、そのため特に個人治療では、転移精神病*あるいは治療の行き詰まりを経験する危険性が高いのです。[☆3]

☆7-2 たとえば【治療例3】では、R男だけでなく治療者も、グループがもつこの好機に支えられてグループに参加し続けることができました。ところが【治療例2】のT男や【治療例4】の中断者たちのように、グループがもつこの機能を利用することができない人たちもいました。

＊**転移精神病**　患者の迫害的・妄想的な世界の対象に、治療者が登場してくる状態。

☆7-3 強力な攻撃衝動に捉われ、原始的・病理的防衛であるスプリッティング〔p.11〕で攻撃衝動をなんとかしようとして、結局は歪曲した反応に至っていたQ子のような患者には、転移が薄められがちなグループ治療は、特に適した治療法でした。

《自己障害》患者は多くの場合、自分の強い「対象希求」「孤独感」そして「帰属感を持てない気持」を解消させるのが難しいと感じています〔Segalla, 1998, Livingston & Livingstone, 2006〕。グループはこのような自己障害患者に対して、「仲間たちとともに他者を援助する」ことに重要な役割を果たすように促しますし、その役割を果たすことじたいが［自我］を強化します。

《自己障害》患者がグループに組み入れられると、「自分の存在がグループに必要とされていて、自分の関与が価値あるものだ」と感じられるようになって、孤独感が薄れて帰属感が強まります。

集団療法の主要な課題は、グループで「障害の原因となった自分の人生の体験を打ち明ける」こと、「理解しよう、援助的であろうという意図をもって、注意深く他者を傾聴する」こと、といえましょう。ところが、批判あるいは攻撃を恐れている人たちにとっては、自己開示はかなり難しい課題ですし、自己愛的な人々にとっては、他の人々に関心をもったり他者が表す情緒的な奮闘に共感したりすることが難しいのです。

そうではあっても、〝グループにいる〟という体験は、自己愛者がこれら諸々の欠損にいっそう気づくようになって、懲罰的でない、激励する環境のなかで、新しい種類の行動を試み始める機会を与えるのです。

向いている？ 向いていない？

治療法の選択については、数多くの卓越した論述があります〔Yalom & Leszcz, 2005, Rutan,Stone & Shay, 2007 etc.〕。それらは主にグループを禁忌とする選択基準に注目していますが、一方、L・ホーウィッツの『第四の耳で聴く』〔2014〕では、グループ治療が特に有効である自己障害患者 *self-disordered patients* の四つの特徴と、禁忌である自己障害患者の諸特徴の両方を明らかにしています。

もとより、患者たちは注意深く選ばれる必要があります。なぜならば、自己愛性損傷 *injury* の傾向がある一般的に〈薄い皮膚〉〔Rosenfeld, 1987〕の人びとで、グループの一員であることに関するストレスに特に耐えることができない一部の患者たち（例えばN子・T男）がいるからです。[☆4]

[☆7-4] 「人の話に耳を傾けたり答えたりすることが難しい」と体験している自己中心的な人（例えばL男・Q子）は、グループ設定でのグループの課題が「自己開示だけではなく、人の話を聴いて反応することや世話をすることを含むのだ」という事実に直面させられる

ストレスに、すぐに向き合うことになります。

自分の情緒的なニーズを露わにするのを恐れる、社会的に孤立した人（例えばO子・R男・S子）は、ニーズを露わにする危険を冒すように、と味方するグループ内の仲間に加わるさまざまな機会と励ましを見つけました。

奇妙で不快な行動を示す社会的に逸脱した患者（例えばL男・N子・O子・Q子）は、十分にグループに組み入れられるようになると、まとまりのある受容的なグループの、啓蒙的で社会的な影響のなかにいる自分自身を発見しました。

これらの特徴をもった患者たちは、【治療例2・3】での〈二人精神病〉（p.49）の出現や、【治療例3】で私が体験した「強制される」夢想、R男や治療者・訓練生が感じた「耐え難い眠気」や「倦怠感」のようなものの出現、などでグループメンバーとセラピストに負担をかけるかもしれません。しかしながら、彼らのための努力は多くの場合、報われることも示したとおりです。

そのうえで、ホーウィッツが挙げる「禁忌である患者」の特徴を述べましょう。

1　個人的達成の不足が目立つ人　グループの仲間と較べて、人生での個人的な達成や進歩が不足している場合に、その人の機能の欠陥が誰の目にも痛ましいほどに明らかになる経験は、反治療的であることが多いので、禁忌にあたるでしょう。

2　非常に強い情動と不安を持つ人　情動や不安があふれかえるのを避けるための、十分な刺激を防ぐ障壁が不足している場合は、禁忌にあたります。このようにも述べられています――「一部のボーダーライン患者は、グループ状況にまさしく圧倒されているようだ。というのは、グループ状況のなかで彼らは、グループのメンバーすべてと病理的で抗しがたい同一化を形成し、その結果、混乱し、興奮した状態でセッションを去る。こうしたボーダーライン患者は個人セラピーに移される必要がある」〔Pines, 1978〕と述べています。N子が当てはまるでしょう。

3　パラノイア（妄想）傾向がある人　パラノイアはグループ状況において悪化させられがちです。こうなる人は一般的に少数で、前もってそれを知るのは難しいことが多く、グループでは希釈されがちであるはずの転移が、その人たちにはむしろ強化されて経験されがちだ、とホーウィッツは述べています。そのため、この人たちはグループ内で協働セラピストをまず除け者にしたり、コンジョイント・セラピーを受けている場合には、個人治療のセラピストとグループ治療のセラピストとのあいだの厄介な分裂（スプリッティング）を何回も作り上げるでしょう。

4　極度に自己愛的な人　グループのなかでは、「自己中心的」「仲間への関心を発展させるのが困難」「資格・権利意識が強い」「賞讃を当然として期待する」といったすべての特徴に対して、個人セラピーで経験するだろうよりもっと激しい、嵐のような批判が降りかかるのを、彼らは体験するでしょう。そして彼らの「要求がましさ」と「攻撃性」が、グループメンバーとセラピストに負担をかけるでしょう。

こうした事態は特に、サポートと緩衝効果をもつ同時併行心理療法（コンジョイント／コンバインド・セラピー）の機会に恵まれない患者に起こるようで、このような人たちの治療には、付属治療の設定がとても重要になります。

中断例をめぐって

【治療例４】では付属治療を設定しましたが、四名の中断者がありました。その原因を考えたいと思います。

このグループの全参加者が、グループの主な課題である、「障害の原因となった自分の人生の体験を打ち明ける」ことも、「理解しよう、援助的であろうという意図をもって、注意深く他者の話を傾聴する」ことも、特に集団療法の前・中期には実行しませんでした。中断者はこの時期に中断しました。

では彼らはグループ禁忌者だったのでしょうか。

禁忌１の［社会的達成の不足］にあたる人はいませんでした。

禁忌２の［非常に強い情動と不安をもつ］というのは、Ｕ男・Ｘ男・Ｚ男があてはまりそうです。Ｕ男は小学生時に級友から「女っぽい」とからかわれて、いつも一人でおり、五、六年生時に担任に無視されて、窓から机を放り投げるという校内暴力をしたそうで、私への怒り方も、瞬時に攻撃的になる印象でした。Ｘ男はこころの問題をてんかん様発作症状に置き換えていましたし、Ｚ男は職場への不満を身体の症状に置き換えて頻回に休職、失職していましたから、いずれもが強い情動と不安を持つと言えるでしょう。
禁忌3の［パラノイア傾向］は参加者全員にありましたが、特に投影防衛機制を用いるU男に顕著で、私に投影された転移像を解釈する好機となりました。この転移の解釈に、U男は表情を真剣に強張らせる反応を示して、考え込みました。「U男にいま少し欲求不満耐性が準備されていたなら、内面に向けた介入に反応して深層の感情を深く考えることができたはずだ」と、私は残念に思いました。中断数年後に集団療法が終了する頃、U男は個人カウンセリングの再開を求めたものの、短期間で再び中断したことからも、欲求不満耐性の育成と強化が急務であると思います。

禁忌4の［極度に自己愛的］も、全員にあてはまります。したがって彼らは集団療法が困難である可能性が高い人たちであったとは言えるようです。

解釈のタイミングをめぐって

ビオンのさらに重要な貢献のひとつは、解釈をおこなうタイミングについての判断基準を明示したことです。それはR・ガンザレインによって次のように紹介されています〔Ganzarain,R., 1989〕。

「私 *Bion* が解釈を行う機が熟していると考えるのは、その解釈が明らかである *obvious* と同時に、目が向けられていない *unobserved* ように見受けられる場合である」〔Bion, 1961〕。**もし解釈が明らかなものなのに、それに目が向けられないままであるなら、その解釈を組み立てることが治療者の一番の仕**

事になるだろう。ビオンが言外に助言していることは、グループのメンバーが明らかなものに目を向けているときは「そのままで様子をみている」べきだということだ。ビオンが止むを得ず介入した唯一の場合は、グループのメンバーたちが明らかなものに目を向けることができないときや、場合だけだった。

【治療例2〜4】集団療法で私がおこなったこと／おこなえなかったことを挙げてみましょう。

参加者が目を向けていなかった彼らの考えや態度を、治療者が精神内的介入をおこなうことで参加者に気づかせて、彼らの考え・態度について治療者が組み立てた解釈を伝える。それはできましたが、問題はそのあとです。続いてそれらを探索して問題の解消を図るまでの作業（ワークスルー）〔p.51〕を成すことができたのが【治療例2・3】で、困難度が高かったのが【治療例4】だった、と言えると思います。

文化にまつわる視点

私はかつて、同じ治療者が個人療法と集団療法をおこなうコンバインド・セラピーを実施するなかで、日本人が集団主義にあって特徴的に抑圧することが多い「怒り」の表出が、コンバインドされた個人あるいは集団では、そのどちらかの治療場面で目立って多く表出される、と観察したことを述べました。[☆5]

[☆7-5] 上記の論文では【治療例3】をその論拠にしましたが、その後にまとめた【治療例2】においても同様の現象が、より明確に見られました。

なぜ私は「怒りの表出」を重視するのでしょうか。

【治療例2・3】の参加者で一／二次元性〔p.45〕の心的機能特徴があからさまに目立つ言動や対人関係を示していたL男・N子・O子・Q子らや、「過度に警戒的」な受動的で抑制的であるものの、その態度の奥には誇大で理想化された自己が視界から注意深く隠されているR男・S子らに注目してみましょう。

かれらが「怒り」の直接的な表出が可能になったのちに、明らかに三次元性〔p.45〕の心的機能を示す言動や対人関係に移行する「成熟」を示したことには、重要な意義があるように思えるのです。

受動的で抑制的な態度

日本の文化と欧米の文化の差異を論じることは私の手に余るのですが、日常的に精神分析的心理療法を実践していると、欧米文化のなかで生まれて育ってきた精神分析と日本文化とのあいだの距離を感じることが多いのは確かです。

神と自己のつながりを軸に、自律した自己を重視する、倫理的正義を主とした欧米の基準と、〃今ここ〃にある集団との繋がり（協調）を重要とする状況的正義を主とする日本の基準は、精神分析理論や技法の適用に影響しないでしょうか。[☆6]

☆7-6
長年、米国メニンガー・クリニックで精神力動的精神医療に携わり、後年日本で十六年間、専門家の育成に力を尽くされた高橋哲郎氏には、私も専門家訓練グループや長年にわたるスーパーヴィジョンで指導を受けたのですが、その高橋氏が『米国のグループ参加者は発言するが、日本の参加者は発言しない』とつぶやくのを聞きました。

メニンガー・クリニック研修会に参加した際にＰＳＷのＳ・ジョーンズSteve Jones氏が、研修会の最初にまず沈黙して互いの出方を窺っている（われわれには馴染み深い）参加者にとても戸惑い、焦っているような対応を見せました。また、Ｒ・ガンザレイン氏の半日の専門家訓練グループで、私は「ガンザレイン先生の発言がとても多い」と感じました。

おそらくわれわれは平均的な米国人と較べると「過度に警戒的」と表現される受動的で抑制的な態度を常のものとしているのでしょう。ですが、それは現在の周囲・状況に互いに調和する努力をしているためであって、「誇大で理想化された自己を隠すため」ではないのに……と、米国人の対応を見て思ったことでした。

移行対象のもとで分離・自立

倫理的正義・自律を重視する欧米の文化では「依存*dependency*」は、幼少期と〈受動的対象愛〉〔Balint, M.〕を除いて、葛藤的・否定的に捉えられる病理的現象とみなされるようです。

多くの子どもたちが移行対象を用いて分離を急ぐ母子関係が、「依存」を否定的に捉える欧米の文化の基盤にあるようです。一方、母子が添い寝して移行対象を必要としない文化には、分離・自立を抑えてグループに依存し続ける集団主義が基盤にあるのではないでしょうか。[☆7]

☆7-7 欧米では、依存対象（多くは母親）からの分離を達成するために、母親が居なくても母親の代理として機能する移行対象（タオル、毛布、おしゃぶり、耳たぶなど）を多くの子どもたちが必要とするようです。かたや、日本にもある「添い寝」をする文化においては、子どもたちは移行対象をあまり必要としない、という研究結果があります〔Johnson,F.A., 1992〕。

この日本文化は甘え・依存を満たす機能が大きく、分離・自立を育む機能が不足しているとも言えるのでしょう。

子どもの発達過程で、親からの分離・自立の動きの最初の表れは、「三歳の反抗期」における拒絶・自己主張の強まりで示されます。「嫌」と主張する力、それを言葉と態度で相手に伝えて対峙する態度は、自分がみずからの側に立ってみずからを大切にするために**相手に怒る能力**だ、とも言えます。

コンバインドされた治療の個人あるいは集団の治療様式のどちらかで、**明らかな攻撃**が表出されることが多いという観察からは、その両治療に参加している治療者を「怒りを向ける移行対象」として使用して、日本の文化に不足している分離・自立への試みを強化している、と考えることができます。

実際に私の臨床例において、参加者が怒りを直接表出した後には、三次元性の心的機能〔p.45〕へと発達が進みました。対象への直接的な攻撃の表出は、日本人としての習慣や文化を超えて、タブーやバイアスを乗り越えて、自分を自分として認める分離個体化を進める面があると考えます。

自分中心から自他共生に

最近、日本では、無関係な他者を道連れにするかたちで自殺を試みる事件が目立つと感じます。大阪の心療内科クリニックの放火事件〔二〇二一年十二月十七日〕では、二六人が道連れになりました。本書の最後に、そうしたことをめぐって考えを巡らせてみようと思います。

法務省が二〇一三年に公表した無差別殺傷事件で有罪が確定した被告に関する研究によると、対象者五二人のうち四割以上が自殺未遂を経験していたそうです。

研究に参加した聖マリアンナ医科大学の安藤久美子准教授は「思い詰めて自殺しようと考えるが、いざとなると『死ぬことへの恐怖』も根底にあり、ためらう。その後になぜ自分が死ななくてはいけないのかという怒りが芽生え、その原因を他人や社会のせいにし［後略］」（京都新聞二〇二一年十二月二十八日朝刊）と指摘しています。

この研究の自殺企図を経験した対象者は、自殺を決めた自分への絶望や怒りを他者や社会に向けて置き換える防衛機制を作動させた、と考察されているのですね。自分を殺すことへの恐怖やストレスに向き合わないで済むように、自分を置き換えた他者や社会だから、無差別に「殺す」のでしょう。

この行為は、自他が分離していない未熟な発達段階にいるか、その発達段階に退行した幻想状態でないと実行できません。だって、自分と他者は別々の存在とよくわかっていながら、「自分が死ぬのが怖いから、代わりに他者を殺す」という論理や行動に意識的に身を任せることができますか？　「死ぬのは怖いから、自殺はやめよう」と考えるほうが、ずっと自然で、簡単ではないですか？。

現実的な後者の考え方は〈現実原則〉と呼ばれていて、自他が分離した発達状態の成熟したこころが従う原則です。他方〈快原則〉と呼ばれる原則は、快をひたすら追求して不快をひたすら遠ざける原則で、自他が融合した未熟で原始的な発達状態のこころが従う原則だとされます。この原則に拠れば「自分は死ぬのが怖いから、自分の代わりに（あるいは道連れに）無差別に他者を殺す」、すなわち、自分に向いた殺意・怒りという「怖いもの、不快」を、自分から他者に置き換えて向けることで自分から遠ざけて、自分自身は安寧・快状態に居ることができる、という原則です。

私たちのこころの発達・成熟は、快原則から現実原則へとこころが沿う原則を変えていき、幻想世界から現実世界に、自分中心から自他共生に、依存状態から自立した状態になっていくことで達成されます。そしてそのプロセスを援助する方法のひとつが、本書で治療例を示して具体的に提示した、心理療法という方法なのです。

本書ではさらに、《自己の欠陥 *defects of the self*》に関連したさまざまな症状に苦しむボーダーラインや自己愛障害者に、個人心理療法や集団心理療法を別々におこなうのではなく、両方を同時におこなうコンジョイントあるいはコンバインド・セラピーが、その疾患が重篤で長期にわたって続いている場合には特に有効であったことを、私の治療例で示しました。

自己破壊に向く「怒り」衝動を無差別に他者に置き換えている？　と理解される人々にも、《自己の欠陥》に関連した症状を示す人たちと同様の発達あるいは退行防衛機制の問題があることが推測されます。かれらに対しても、日本では実施されることが少ないコンジョイントあるいはコンバインド・セラピーによって「適応性の改善」を図る方法を推奨したいと思います。

おしまいに

全人類がコロナの脅威に怯える状況下で、恐怖や不安に怯えた人間のこころの反応がどのような現象を現すのか？　その一例を、「人間全体に共通する表れ」と、「個人的な背景や経験から決定されるその個人特有の表れ」の両方から考えてみたいと考えて、前者を集団ダイナミクスの《基底的想定》概念の視点から、後者を**パーソナリティ障害**の病理性とその治療の視点から見てきました。

私たちのこころが私たち個々の身体のなかに存在することに疑いはありませんが、身体のどの部分にあるのかはまだ医学的・科学的に確定できていないそうです。こころの中枢が脳にあるのは確かですが、それ以外の場所も、こころの動きに関わっている……そういう一人ひとりのこころの問題に、他者である専門家がどのように関わろうとしているのかを、この本では、私や研究仲間が関わって公表した治療例から示す試みをしてみました。

そして最後に、精神分析が発祥し成長発展した欧米の文化と、精神分析的視点の取り入れが緩徐で、一部に留まりがちな日本の文化との異同について、「怒りの表出」行動の意味から考えてみました。

お読みくださって、どんなことを思い浮かべられたでしょうか。

エピローグ

個人にとって「社会」は他者の大きな集まりであり、その他者たちの意識的／無意識的なエネルギーが絶えず動いている場で、その動き方は合理的であったり非合理的であったりする。そういう社会と関わって共に生きていく、私を含む〝個人ひとりひとり〟の「こころ」を理解するには……。

二〇一五年の秋から五年間、私は、L・ホーウィッツ著『第四の耳で聴く』〔木立の文庫、二〇二一年〕を仲間と共に訳していました。

『第四の耳で聴く』には、メニンガー・クリニック（米国での力動的精神医学の中核病院であった）において、一九六三年に集団精神療法のタビストック・モデルが提示されて（英国のタビストック・クリニックの精神科医John Sutherlandによって）以後、メニンガー・クリニックの診療内容に「集団力動に重点を置く精神分析的な集団精神療法」がどのように取り入れられて発展していったのか、が記されています。また、米国と英国の視点の違いや、集団中心理論の多様性と批判などの歴史的展望、理論的検討、臨床的実践、そして「分析的な集団精神療法家の訓練をどのようにおこなうか」が記されています。

この本を全力で訳しながら私のこころに浮かんでいた、さまざまな思いや理解してきたことを、この本に著しました。書いているあいだにも、第二次大戦中に生を享けて以後、多様な社会状況のなかを生きてきた私が初めて体験する、新型コロナ・ウイルスによる世界的なパンデミックや、国際連合安全保障理事会常任理事国であるロシアによる無法を目の当たりにして、「この歳になってもまだ経験していない社会があった！」と驚いた日々でもありました。


新型コロナ・ウイルスという外敵は、姿を現して三年後の現在、人類が総力を挙げた対応によって脅威性が減少したようです。でも、人間の内部から生じた無法行動の結末は、まだ予断を許しません。「この問題にも人類の総知が発揮されて、解決の道が拓かれるように……」と祈る毎日です。そして人類の知の総和に、「集団と個人の無意識的で病理的な関係性」を研究した成果が加わることで、新しい拡がりが得られれば……と願いながら本書を執筆していました。

この本の冒頭〈問いかけ〉では、現在進行形の「社会のストレス」であるロシアのウクライナ侵攻について、ロシアのプーチン大統領や高官、ロシア国民の「こころ」と、欧米や中立国、一部の旧ソ連邦の国の政府や国民の「こころ」のあいだにある断絶を考えました。

それに続く〈プロローグ〉では、自然社会に発生した人類にとって「ストレス」である新型コロナ・ウイルスに、勇敢に対応している医療従事者やどうしようもなく感染した人々に対して、差別や迫害する行動をとる「こころ」について、《心的防衛機制》という視点から考えました。

⚜

第一部【集団のダイナミクス】の、第一章［集団のこころの動き］、第二章［もうひとつの集団力動］では、あらゆる集団内に強力に生じて、集団構成員に圧倒的な影響を与える「空想」と、その空想から脱して「現実」に着地するこころの動きを、《基底的想定グループ》《ワークグループ》概念〔W・ビオン〕を中心に考えました。

第二部【精神分析的心理療法の実際】は、日本で実践された臨床例の報告です。これら臨床例での治療者は、長年にわたって共に精神分析的な集団心理療法を学び、『第四の耳で聴く』の共訳者でもある石田淑恵氏と、私です。

第三章［こころのあらわれ］は、二歳九ヵ月から四歳五ヵ月の一一名の男児・女児を対象として、自閉症スペクトラムを含む発達に問題をもつ子どもの情緒発達を目指す、週一回一時間、一期一一回、年間二期のグループ・プレイセラピー（セミ・クローズド）で、石田氏が治療者でした。——読者の皆さまは、子どもの「こころ」の象徴化機能（言語化）を育てる、治療者のこころの用い方の実際を、実感されたのではないでしょうか。

第四章［自己愛世界に他者が登場する］は、前章で示された自閉症スペクトラム障害と同種の障害である広汎性発達障害をもって三〇代になった成人のこころに、健康な成人の発達状態である「三次元性」（自分・他者・客観的に自他を見る観察自我）で機能するこころを育てる、精神分析的集団心理療法と、その参加メンバー／治療者がもつ「こころの容器」機能について記しました。

第五章［夢想が明らかにしたもの］では、集団療法内にいる治療者のこころに生じる「とんでもない空想が、〝いま－ここ〟で集団内に生じている《基底的想定》の内容や、言動の意味を伝えるものであった」という経験を記しました。この空想の出現は、フロイトが発見した「平等に漂う注意」として表される、治療者の〝単に聴く *simply listen*〟態度技法の結果であるでしょうし、T・H・オグデン（私も共訳者の一人として近作を翻訳した――『精神分析の再発見』木立の文庫、二〇二一年）が提唱する「分析的第三者」の現れだとも考えられます。空想は、その意味を考える作業を私に促したことで、集団心理療法の治療者として危機的状態にいた私と共同治療者を救済しました。治療者のこころが守られたことで、集団療法に参加しているメンバーのこころも守られたことは、いうまでもありません。

第六章「〝中断すること〟によって明示されたこころ」に述べた心理療法の参加者は、これまでに紹介してきた心理療法の参加者とは大きく異なる属性をもっていました。

これまで述べてきた心理療法の参加者は、みずからのこころの問題を小さくするという動機で集団心理療法に参加してきましたが、この章の集団心理療法の参加者は、HIVウイルス感染症という身体疾患に罹患したために二次的にさまざまな心理的・精神的問題をもつようになった、と考えることが可能な人たちでした。

みずからの問題と考えるより、感染させた人が悪く、自分は被害者だと考えることができたのです。したがって、現在悩んでいるこころの問題に対しても、みずからの問題と考えて心理療法に臨む動機に乏しいか、その動機をもたない人が多かったのかもしれません。この動機の乏しさは、七名の参加者中四名が中断する結果になった原因のひとつであったのかもしれません。

しかし、集団心理療法の全一六七回に最後まで参加した二名は、「いまある問題は、自分にも原因がある」とする見解を受け入れ、みずからのこころを探索した結果、顕著な内的変化を示しました。

このうちの一人は、生死に関わる先天性の身体疾患をもつうえにHIVウイルス感染症に罹患しましたので、療養上でも、人生上でも、多くの重要な判断や決定をする必要がありました。

しかし、生まれながらの疾患ゆえに親が判断・決定してきた習慣が続き、そのうえ、親の一人がこの状況の苦しさからある宗教の熱心な信者になり、この宗教の教義が身体治療の選択に影響する内容を有していたために、生命が危険な状態になっても手術を拒否されてきました。

この事態は、両親の夫婦関係にも深刻な不和を生じさせていて、この人は「自分のために家族が不幸になる」という罪悪感に苦しんできました。今は四〇代の社会人ですが、自分の人生や医療の内容についてみずから考えて決定することがなく、また、親の決定に不信や不満があっても、それを表すことができませんでした。

このようなありようが集団心理療法で繰り返し明確化され、みずからのこころを検討した後に、重要な療養上の決定を医療者との話し合いの場でみずから「自然におこなえた」ことを、集団療法で驚きをもって報告しました。この主体性は、以後の日常生活のいろいろな場面でも発揮され続けています。

もう一人の最後までの参加者は六〇代の社会的な成功者ですが、集団心理療法では非常に高踏的・理想的な考えを突然、長く述べ続けて、治療者を含む他メンバーは、「いま、なぜ、その考えを言わなくてはいけないのか」の文脈が理解できませんでした。けれども、治療者がその疑問を直面化していると、「知性化で防衛されているのは、感情の動きではないか」という理解が生まれて、〃いま－ここ〃でその解釈を繰り返して提示しました。

するとと次第に、みずからの感情的な気持に気づくようになり、今後の人生に孤独を感じていたこと、「離婚後に元妻が育てて今は成人になった子どもに、養育費や学費を援助したのだから、面倒をみてもらいたい」と思う気持を持つことを、語り始めました。そして集団療法における人間関係で、中断していくメンバーに『やめないでほしい』と率直な気持を伝えるようになりました。

初めは唐突であった感情表出も、集団療法が終了する頃にはとても自然なものになっていました。「金を出したのだから、面倒をみてほしい」という子どもへの要望も、「物質面の援助の対価として、生活を共にするという人間的・情緒的な関係を、当然として求めることはできるのかどうか」を話し合ったあとに、自分を紹介して理解してもらうための手記を書き、子どもに読んでもらう、という行動が生じました。

中断した参加メンバーのそれぞれにも、このような作業ができればよかったのですが……。

終章「自己障害患者にどう関わるか」は、L・ホーウィッツ著『第四の耳で聴く』第一〇章「自己障害患者グループの選択基準」、第一一章「境界例患者の集団精神療法」、第一二章「自己愛患者のグループ精神療法」、第一三章「自己愛患者の治療」を、まとめたかたちとなります。

精神科外来においても入院においても、患者側にも治療者側にも、その治療の実際が困難を極める状況になりがちで、したがって臨床現場では治療を避けられることもあるこれらの病態に対して、このような治療効果を得られる方法論を明確に示されたことは、私たち臨床家にとって暁光でした。

そして私個人にとっては、第四～六章に記す私が治療者としておこなった臨床作業の是非を検証する、強力なエビデンスになりました。——ところで読者の皆様は、私の臨床作業内容をこのエビデンスに照らしてどう評価なさいますか？

⚘

文　献

Alvarez, A., 1992. *Live Company: Psychoanalytic Psychotherapy with Autistic, Borderline, Deprived and Abused Children.* Routledge.『こころの再生を求めて』千原雅代・中川純子・平井正三訳（岩崎学術出版社 2002）.

Bion, W.R., 1961. *Experiences in Groups*. Basic Books.『グループ・アプローチ』対馬忠訳（サイマル出版会 1973）.

Bion, W.R., 1962a. A theory of thinking. Int.J.Psychoanl.43. In, *Melanie Klein Today Vol.1*, The Institute of Psycho-Analysis.「思索についての理論」『メラニー・クライントゥデイ②』白峰克彦訳（岩崎学術出版社 1993）.

Bion, W.R., 1962b. *Learning and Experience*. Heinemann.『経験から学ぶこと　精神分析の方法 Ⅰ』福本修訳（法政大学出版局 1999）.

Cassese, S.F., 2001. *Introduction to the Work of Donald Meltzer*. Cathy Miller Foreign Rights Agency.『メルツァーの精神分析考』木部則雄ほか訳（岩崎学術出版社 2005）.

Freud, S., 1920. A note on the prehistory of the technique of analysis.「分析技法前史について」『フロイト著作集9』小此木啓吾訳（人文書院 1983）.

Freud, S., 1921. Group psychology and analysis of the ego.「集団心理学と自我の分析」『フロイト著作集6』小此木啓吾訳（人文書院 1970）.

Gabbard, G.O., 1989. Two Subtypes of narcissistic personality disorder. Bulletin of the Menninger Clinic.53.

Ganzarain, R., 1989. *Object Relations Group Psychotherapy*. International Universities Press.

Hofstede, G., 1991. *Cultures and Organizations*. Software of the Mind. McGraw Hill.

Hopper, E., 2003. Traumatic Experience in the Unconscious Life of Groups; The Fourth Basic Assumption; Incohesion; Aggregation/Massification or (ba) I: A/M. Jessica Kingsley.

Horwitz, L., 2014 *Listening with the Fourth Ear*. Karnac.『第四の耳で聴く』手塚ほか訳（木立の文庫 2021）.

石田淑惠 2015「二〜四歳の自閉症スペクトラム児の精神分析的グループプレイセラピー」集団精神療法31-2.

Johnson, F.A., 1992. *Dependency and Japanese Socialization*. New York University Press.『「甘え」と依存』江口重行・五木田紳訳（弘文堂 1996）.

北西憲二・小谷英文編 2014『集団精神療法の基礎用語』金剛出版.

Klein, M., 1930. The importance of symbol-formation in the development of the ego. Int.J.Psychoanal. 11. *The Writings of Melanie Klein Vol.1*. Hogarth Press.「自我の発達における象徴形成の重要性」『メラニー・クライン著作集 1』村田豊久・藤岡宏訳（誠信書房 1983）.

Klein, M., 1935. A contribution to the psychogenesis of manic-depressive states. Int.J.Psychoanal. 16.「躁うつ状態の心因論に関する寄与」『メラニー・クライン著作集 3』安岡誉訳（誠信書房 1983）.

Klein, M., 1946. Notes on some schizoid mechanisms. *The Writings of Melanie Klein, 3, Envy and gratitude and other works. 1946-1955.* The Free Press.「分裂的機制についての覚書」『メラニー・クライン著作集 4』小此木啓吾・岩崎徹也責任編訳（誠信書房 1987）.

小谷英文 2014「集団精神療法の進歩」近藤喬一・鈴木純一編『集団精神療法ハンドブック』（金剛出版 1999）.

Livingston, M.S. & Livingstone, L.R., 2006. Sustained empathic focus and the clinical application of self-psychological theory in group psychotherapy. International Journal of Group Psychotherapy.

Malan, D.H., Balfour, F.H.G., Hood, V.G. & Shooter, M.N., 1976. Group psychotherapy: A long term follow-up study. Archives of General Psychiatry, 33.

Meltzer, D., Bremner, J., Hoxter, S., Weddell, D. & Wittenberg, L., 1975. *Exploration in Autism*. Perthshire Clunie Press.

Meltzer, D., 1967. *The Psycho-analytical Process*. Heinemann (reprinted Clunie Press, 1979)

Meltzer, D., 1978. *The Kleinian Development*. Clunie Press.

Meltzer, D., 1992. *The Claustrum: An Investigation of Claustrophobic Phenomena*. Clunie Press.

野島一彦・岩村志麻・古川富士江・牧聡 2001「精神科デイケアにおける〈心理ミーティング〉を継続することの意義と問題」『集団精神療法』17(2), 122-126.

岡田暁宜・権成鉉編 2012『精神分析と文化』岩崎学術出版社.

Ogden, T.H., 1994. The analytic third working with intersubjective clinical facts. Int.J.Psychoanal.『「あいだ」の空間――精神分析の第三主体』和田秀樹訳（紀伊國屋書店1996）.

Pines, M., 1978. Group analytic psychotherapy of the borderline patient. Group Analysis., .

Parloff, M.B., 1968. Analytic group psychotherapy. *Modern Psychoanalysis*. Basic Books.

Pratt, J.H., 1963. The tuberculosis class: an experiment in home treatment. *Group Psychotherapy and Group Function*. Basic Books.

Rosenfeld, H., 1987. Impasse and Interprepretation. Tavistock.

Segalla, R.A., 1998. Motivational systems and group object theory. I.H. Harwood & M. Pines (Eds.), *Self-Psychological Psthways to Human Understanding*. Kingsley.

Sutherland, J.D., 1952. Notes on Psychoanalytic Group Therapy.1. Therapy and Training. Psychiatry,15.

髙橋哲郎編 2010『力動的集団精神療法』金剛出版.

Takahashi, T. & Washington, W.P., 1991. A Group-centered object relations approach to group psychotherapy with severely disturbed patients. Int.J.Group Psychotherapy, 41(2).

手塚千惠子 2007「多様な病態水準で引きこもり症状を示す患者達のコンバインド・セラピーⅠ」集団精神療法23-1.

手塚千惠子 2010「多様な病態水準でひきこもり症状を示す患者たちのコンバインド・セラピー」『力動的集

団精神療法』金剛出版.

手塚千恵子 2012 「多様な病態水準で引きこもり症状を示す患者達のコンバインド、コンジョイント・セラピー II」集団精神療法28-2.

手塚千恵子 2012 「精神分析的につながった個人及び集団心理療法と背景としての治療文化」『精神分析と文化』岩崎学術出版社.

Rutan, J.S., Stone, W.N. & Shay, J.J., 2007. *Psychodynamics Group Psychotherapy, 4th edition*. Guilford Press.

Shields, W., 2000. Hope and the inclination to be troublesome. Int.J. Group Psychotherapy.

Slavson, S.R., 1957. "Are there 'group dynamics' in therapy groups?"Int.J. Group Psychotherapy, 7.

鈴木純一・斉藤英二 1995 「集団精神療法の最近の動向」精神医学 37-10.

Trist, E., 1985. Working with Bion in the 1940s: The group decade. *Bion and Group Psychotherapy*. Routledge.

Yalom, I. & Leszcz, M., 2005. *The Theory and Practice of Group Psychotherapy, 4th edition*. Basic Books.

問いなおし

この本を私は、新型コロナ・ウイルスによる世界的パンデミックや、ロシアによるウクライナ侵攻が起こったいまの社会のなかで書き始めました。なぜなら、そうした事態は〝社会のストレス〟そのものの情勢だったからです。

ウイルスに対する薬剤開発は「二、三年後に……」という当初の見解に不安を強く感じましたが、その見通しどおりに、日本製では初めて二〇二二年十一月二十二日に「ゾコーバ」が承認されて、ひと安心です。これまでの研究経験、経過を踏まえた科学的な見通しが示されて、その見通しが実現される成熟した社会にいまの私たちが居ることで、未知の脅威に対する不安やパニックが、私たちの社会に大きな破綻を生むことなく経過しそうです。

しかし、初めてm-RNAを用いて作られた新型コロナワクチンへの不信（副作用、後年のガン発症危険など）からワクチンを打たない人が一定数居ること、ワクチン反対のデモ、さらにはワクチンを打つのを妨害する目的で接種会場に押し入るグループも現れました。

また、新しいワクチンに対する安全性やその効能が科学的に確定するには時間が必要なこの段階で、複数の異なる判断で行動する自由が許される社会と、許されない社会が存在することも、明示されました。

反ワクチン派の一人と話す機会があったのですが、その人は、このワクチンの危険性だけを主張していて（事実その危険性はあるのだと思いますが）、そのワクチンの他の面（肯定的な面など）も同時に検討するという、合理的・科学的態度を失っているようでした。

ワクチンの「全体的な妥当性」を検討して判断することは、みずからの身体の安全に有利な方を選択して自分を生かし続けるために重要な態度だと思うのですが、等閑に付されていました。そして〝強力な一体感〟を「反ワクチン仲間」関係から得て、他者との強い関係への希求を満たす、情緒的・感情的安定の確保を優先させているようでした。

――なお当人は、コロナ禍以前から強かったと思われるみずからの希求に気づかず、身体的に危険な部分だけを強く意識して、反ワクチンを判断しているようでした。

また、ワクチン接種会場に押し入って建造物侵入罪に問われた「反ワクチン団体」は、その名称からカルト集団との関係を疑われるという報道もあって、パンデミックに伴う不安によって、社会にいる個人各々に特有の欲望が、「覆い」をとられて露わになったようです。

本書冒頭からの流れで、ロシアのウクライナ侵攻が、プーチン大統領をはじめとするロシアの人々の感情優位のこころから起こった、と考えてきましたが、欧米諸国に強力に支援されたウクライナの戦力によって、侵攻された領土の奪回が始まりました。また世界大戦に拡大することを極力避けるというウクライナと欧米の確固たる姿勢が、ロシアからの一方的な破壊攻撃がウクライナ国土に浴びせられながら、ロシア本国への攻撃をしない、というかたちで示され続けました。

戦況は予断を許さないようですが、このような現実が、ロシア人の感情以外のこころの機能を動かし始めたようで、反戦行動がロシア国民に広く見られるようになってきました。予備兵招集命令に対して、ロシア国外に出国して不参加の意志を示したロシア人が多数いたこと、十一月に開催されたG２０にプーチン大統領が現れなかったことには、いまの状況を「客観的に認知する」こころの機能が彼らの内にはたらいているのを、私は感じます。

この状況を米軍のミリー統合参謀本部議長は、十一月十六日に「ロシアがウクライナ全土を征服するという戦略目標を、実現できる可能性はゼロに近い。ただウクライナが軍事的に勝利することも当面ないだろう。ロシア軍は大きなダメージを受けており、政治的判断で撤退する可能性がある。（ウクライナの望むかたちでの）政治的解決は可能だ。（ぬかるみによる）戦術的な戦闘が鈍化すれば、政治解決に向けた対話の開始もありえる」との見解を述べた、と知りました（『毎日新聞』二〇二二年十一月十七日夕刊）。軍事専門家によると、この見解はミリー氏の個人的見解であるようで、現実の状況がどう動くかはまだわからないそうですが、この見解が世界に伝えられる状況になるまでのウクライナの奮闘と忍耐力、欧米の確固たる意志に示された〝ワークグループ〟機能に敬意を表したく思います。

この〝ワークグループ〟機能は、ロシアの**闘争 - 逃避**基底的想定グループで優勢にはたらいている《スポークスパーソン》現象や、「頭がクラッとする」投影（p.xi）、気持を検討せずにすませるために行動に置き換える〈行動化〉、都合の悪い情報をすべて「フェイクニュース」と主張する〈合理化〉などの防衛機制で防衛して、「願望が魔術的に、即座に、完全に、叶う」という空想と「すべての体験が灰塵に帰す」という迫害不安を主とする心的状態（妄想 - 分裂ポジション）に〈退行〉を続けることから、ロシアを脱け出させました。現実に基づいて考える状態に変化させつつあるがゆえに、「政治的判断による撤退、政治的解決に向けた対話」が提言される空間が生まれた、と考えます。

ここで、私の個人的な「心理職」歴を記すことをお許しください。

私は大学の児童心理学科を卒業後、総合病院の精神科に心理士として就職して、心理テストと脳波検査を業務としました。「心理士が脳波検査を?」と不審に思われるでしょうね。当時は脳波検査が開発されて日が浅く、現在の「臨床検査技師が検査を行う業務」資格が設定されていない時期でした。それで、多忙な医師に代わって検査する者がいたのです。

それは納得できても、「児童心理学科を卒業して、どうして脳波検査?」と、再び不審に思われますか?

でも、そうなのです。私は子どものカウンセリングを勉強したくて入学したのですが、そこで研究されていたのは「自閉症児に対する支持的アプローチと音楽療法」や、カール・ロジャースの「来談者中心療法」でした。本書の第三章で石田淑惠氏が治療対象とした子どもが「自閉症スペクトラム」でしたが、大学では、より重症の子どもが多く、ほとんど言葉が出ていなかったのです。私は授業でそうしたカウンセリングを見学して学びながら、「自分の学びたいカウンセリングではない」と思ったのです。でも当時は、どういうカウンセリングを学びたいと思っているのか、自分でもわからずあてどころのない気持でいました。

大学では私の気持を聞いてくださった教官が、ご自分の研究テーマの脳波検査を用いた「心理テストを受けているこころの動きと脳波の関係」の研究に誘ってくださり、入学時の志とはまったく異なる研究ではありますが、とても興味深く熱心に取り組みました。そのようにして、脳波の検査技術を得たのです。

こうして精神科で充実して仕事をしていたのですが、何年か経つと再び当てどころのない気持が湧いてきて、「?·」と自分の思いを探ることになりました。

そして、心理テストの多くは、精神科を初診時に診断の補助検査のひとつとして施行されるのですが、心理テスト時に会った患者さんと、その後に何年も薬物療法を受け続けてきた患者さんが、同じ人とは思えない程に「一見、悪くなって」いるように感じられること、それが一人だけではないこと、がとても気になっていることに気がついたのでした。

その思いを精神科医に訴えると、薬物が発見されるまでは環境調整か収容しか治療の方法がなかった精神疾患に対して、一九四〇年代から次つぎに抗精神病薬が開発されて、精神病治療は劇的に改善・変化したこと、しかし心因性の精神疾患（当時の診断名では神経症など、現在のDSMでは人格障害・適応障害などの障害群）には、薬物が、対症療法（不眠には睡眠薬、不安には抗不安薬など）として効果があるけれど、根本的治療法ではないこと、対症療法に終始しているあいだに、自己実現意欲や社会的適応能力の減退、薬物の副作用などの影響で、「一見、悪くなって」いるように感じられるのだ、と教えられました。

私はこの指摘に頭を殴られたようなショックを感じたのを憶えています。「精神科に心理士がカウンセリングで役立てる領域がある。心因性の疾患に対するカウンセリングだ」と思ったショックでした。

私が大学に在学した当時、「自閉症」は親子関係の歪みから生じる情緒障害、つまり「心因性」だと考えられていました。卒業後数年経って、英国の文献に自閉症が脳機能の障害である可能性が記されているのを見て、私はその学説にとても納得しました。「私のカウンセリングに対する違和感はこれだった。私の志が当てどころがなくなったのは、自閉症の重要な原因が除かれた仮説のうえに立ってカウンセリングすることへの違和感だった」と、了解したのです。

ただ、心因性の精神疾患へのカウンセリングも難渋しました。その体験を重ねるうちに、「来談者中心療法」でいくら心因性の精神疾患患者さんに共感しても、その共感力は意識領域に届くだけで「根本の心因を変化させていない」という認識が生まれてきて、精神疾患の心因は〝こころの無意識領域〟にあるのだと確信しました。そこから私の「精神分析」への傾倒、学ぶ努力が始まったのですが、当時、既に卒業後二十年近くの年月が経っていました。その先に連なる三十年以上の臨床経験は、先の確信が正しかったことを教えてくれています。そうした経験の一部を、この本に例示した次第です。

どうして私の個人的な思いを記したのだろう……？

社会のなかで生きる人びと、その一人ひとりのこころが**共鳴・伝播**して、世界大戦になりかねない今回のような〝グループ行動〟を引き起こすことがある。

その集団ダイナミズムに**当てどころのない気持**が強まるのですが、その集団ダイナミズムには、ただちに、他のグループの人のこころが反発・反撃して、対抗行動が起こって、最初のダイナミズムの動きにある「病理性」を修正する機会を作る。

そんな、個人の、また社会集団をつくっている人の、一人ひとりの**当てどころのない気持**に端を発した〝こころの動き〟の健全さが、確かに信じられるものである、ということを言いたかったようです。

あとがき

この本を書くことになったのは、別々の職場で働くL・ホーウィッツ著『第四の耳で聴く』の訳者四人が、五年のあいだ月に一、二度、休日に集まって、各人が担当した章の訳を全員で検討吟味してきたのち、いよいよ出版作業にとりかかるために監訳者の権成鉉先生、出版社〝木立の文庫〟津田敏之氏と、私たち四人が集まった席でのことでした。津田氏に「『第四の耳で聴く』のエッセンスを現代社会に照らして味わえる本の執筆を」と促されたものの、私は本を読むのは好きですが、書いたことはありませんので、まったく自信がありませんでした。でも、書くようにと勧めていただいたことは、うれしく思いました。

そして『第四の耳で聴く』の全二一章に及ぶいずれの章も、我々臨床家を支え、目を開かせる内容で満たされていることに、訳しながら深く敬服、感動していましたので、「分量が多い大冊である」という理由で手に取って目を通す機会を失する方が少しでも減るようにと願って、私の経験を『第四の耳で聴く』に記されている内容で補うというかたちの、〈『第四の耳で聴く』への案内書〉を書こうと思いました。その目的が果たされたかどうかは、皆様のご判定に委ねたいと思います。

『第四の耳で聴く』を訳し終わった直後、その訳了を待ってくれていたかのように新型コロナの流行が始まって、直接会っておこなう作業ができなくなりました。そうした私たち四人の巡りあわせ（会って訳業を続けられたこと）は幸運でしたし、全員が主婦でもある私たち四人が五年のあいだ、家庭に居なくなる休日をもつことを許してくれた家族に、こころから感謝しています。

この訳者四人（最初は五人で始めたのですが、家庭の都合で一人が止めざるをえなくなりました）は、髙橋哲郎先生（長年、米国メニンガー・クリニックで精神科医として勤務されたのち、十六年間、専門家養成のための訓練を日本で実施されました）の指導を受けた者たちです。精神分析的な個人および集団心理療法の訓練を受け、『第四の耳で聴く』を訳すあいだの四人の交流には、それぞれの思い出があります。集団心理療法の治療家どうしですから、私たちに《基底的想定》が優勢になったと気づいたときは、それを言語化してワークグループに代わるように努めました。

いまは、「お互いによく頑張ったね」と肩をたたき合いたい気持でいます（新型コロナのため、それさえ出来ていません）。これらの交友の上にこの本ができあがったことは確かです。お世話になりました！　ありがとうございました！

二〇二二年十月十八日

手塚 千惠子

著者のこれまでの成果

論　文

「一女性醜貌恐怖症の精神療法」精神分析研究37-2, 1993.

「多様な病態水準で引きこもり症状を示す患者達のコンバインド・セラピー（I）」集団精神療法23-1, 2007.

「多様な病態水準で引きこもり症状を示す患者達のコンバインド、コンジョイント・セラピー（II）」集団精神療法28-2, 2012.

「『自死遺族相談』における絆の回復――“生きる力”再生の検証と援助技法について」自殺予防と危機介入32-1, 2012.

「地域で実施され、精神分析的に方向づけられた子ども虐待防止母親グループ」集団精神療法29-2, 2013.

「HIV感染男性患者達のグループ・ワーク――『自己愛』を巡って」集団精神療法33-2, 2017.

著　書

『力動的集団精神療法――精神科慢性疾患へのアプローチ』（分担執筆）金剛出版, 2010.

『精神分析と文化――臨床的視座の展開』（分担執筆）岩崎学術出版社, 2012.

翻訳書

T. H.オグデン『精神分析の再発見く――考えることと夢見ること　学ぶことと忘れること」（共訳）木立の文庫, 2022.

L. ホーウィッツ『第四の耳で聴く――集団精神療法における無意識ダイナミクス』（共訳）木立の文庫, 2022.

本書の著者について

手塚 千恵子（てづか・ちえこ）

1944年、兵庫県に生まれる。父の転勤で転校を繰り返しながら学生生活を過ごして、転校生のこころの機微をよく感じた。大阪市立大学家政学部児童心理学科（現・大阪公立大学生活科学部）の存在を知り、「子どもの心理を学びたい」と強く思ったのはこの経験からだと思う。

卒業後、大阪市立病院精神神経科に就職し、定年後も非常勤で、計47年間、精神疾患に対する臨床心理業務（心理療法・心理テスト）に従事した。

他に、小児科患者家族の心理的問題、終末期医療、重大告知による不安への対応など、勤務病院全体のメンタルヘルスに対応する「医療心理相談」の開設で、相談員を務める。

大阪市保健所で三歳児健診の発達テスト・テスターを22年間、大阪市こころの健康センター「自死遺族相談」の開設で、相談員を7年間、大阪府保健所および府下の市で「虐待防止母親グループ・セラピー」セラピストを8年間、大阪市南部子ども相談センターで「虐待防止親カウンセリング」カウンセラーを5年間、国立病院機構大阪医療センター臨床心理室で「HIV患者への集団心理療法による心理的援助」に5年間、従事。

また、大阪市立大学生活科学部大学院（2000-2005）、同医学部（2013-2016）、関西福祉科学大学大学院（2005-2016）、甲子園大学大学院（2008-2020）、大阪医療センター附属看護学校（2003-）および市立病院付属看護学校（1997-2005）にて、非常勤講師。

現在は大阪市で“心理室森ノ宮”を開設して、精神疾患への心理療法や専門家の訓練を営む。

kodachi no bunko

社会《しゃかい》のストレスとこころ

パーソナリティ障害《しょうがい》と集団《しゅうだん》ダイナミクス

2023年3月10日　初版第1刷印刷
2023年3月20日　初版第1刷発行

著　　者　手塚千恵子

発 行 者　津田敏之
発 行 所　株式会社 木立の文庫
京都市下京区新町通松原下る富永町107-1
telephone 075-585-5277　facsimile 075-320-3664
https://kodachino.co.jp/

造　　本　上野かおる
DTP組版　東 浩美
印刷製本　亜細亜印刷株式会社

ISBN 978-4-909862-27-3　C3011

kodachi no bunko

哀しむことができない

社会と深層のダイナミクス

荻本 快:著　四六変型判上製240頁　定価2,970円

2022年3月刊　ISBN978-4-909862-23-5

第四の耳で聴く

集団精神療法における無意識ダイナミクス

L.ホーウィッツ:著／髙橋哲郎:監修／権 成鉉:監訳

石田淑惠・木村唱子・手塚千惠子・樋口智嘉子:訳

A5判上製408頁　定価4,400円

2021年11月刊　ISBN978-4-909862-22-8

精神分析の再発見

考えることと夢見ること　学ぶことと忘れること

T.H.オグデン:著／藤山直樹:監訳

清野百合・手塚千惠子ほか訳

A5判上製264頁　定価3,960円

2021年10月刊　ISBN978-4-909862-21-1

コロナと精神分析的臨床

「会うこと」の喪失と回復

荻本 快・北山 修:編著／飯島みどり・石川与志也・揖斐衣海・岡田暁宜・奥寺 崇・笠井さつき・関真粧美・西村 馨・山本雅美:著

四六変型判上製272頁　定価2,970円

2021年3月刊　ISBN978-4-909862-18-1

みんなのひきこもり

つながり時代の処世術

加藤隆弘:著　四六変型判並製224頁　定価1,980円

2020年11月刊　ISBN978-4-909862-16-7

（価格は税込）